小渕恵三元総理の霊言

非凡なる凡人宰相の視点

RYUHO OKAWA
大川隆法

まえがき

あの小渕《おぶち》元総理の霊言《れいげん》である。「田中角栄《たなかかくえい》元総理の霊言」や「福田赳夫《ふくだたけお》元総理の霊言」と比べて、内容の異質性《いしつせい》は明らかである。

どこか人を食ったような憎めないところがあって、あの細い目をさらに細めながら、「凡人《ぼんじん》ですから」と言いながら、縫《ぬ》い針《ばり》を首筋《くびすじ》に「プスッ」と刺《さ》す。

あのノンフィクションライター佐野眞一《さのしんいち》氏をして、「こんな総理が日本の歴史開闢《かいびゃく》以来果していただろうか」（『凡宰伝《ぼんさいでん》』）と放心状態《ほうしんじょうたい》にさせた人である。自《みずか》ら「冷《さ》めたピザ」を手にして米誌《べいし》の表紙に写真を撮《と》らせる人でもある。

アメリカの次期大統領最有力のトランプ氏と会わせたら、「トランプタワーの警備員として再雇用《こよう》していただきたい。」と平気で言いかねない、東洋的胆力《たんりょく》がありそうだ。政治家霊言は、まだまだ人物学の宝庫《ほうこ》だといえそうだ。

二〇一六年　五月五日

幸福《こうふく》の科学《かがく》グループ創始者兼総裁《そうししゃけんそうさい》
幸福実現党創立者兼総裁《こうふくじつげんとうそうりつしゃけんそうさい》　大川隆法《おおかわりゅうほう》

小渕恵三元総理の霊言　目次

小《お》渕《ぶち》恵《けい》三《ぞう》元総理の霊言《れいげん》

――非《ひ》凡《ぼん》なる凡人宰相《さいしょう》の視点――

二〇一六年四月十三日　収録
東京都・幸福の科学総合本部にて

「霊言現象《れいげん》」とは、あの世の霊存在の言葉を語り下ろす現象のことをいう。これは高度な悟《さと》りを開いた者に特有のものであり、「霊媒現象《れいばい》」（トランス状態になって意識を失い、霊が一方的にしゃべる現象）とは異なる。

なお、「霊言」は、あくまでも霊人《れいじん》の意見であり、幸福の科学グループとしての見解と矛盾《むじゅん》する内容を含《ふく》む場合がある点、付記しておきたい。

小《お》渕《ぶち》恵《けい》三《ぞう》元総理の霊《れい》言《げん》

――非《ひ》凡《ぼん》なる凡人宰《さい》相《しょう》の視点――

二〇一六年四月十三日　収録
東京都・幸福の科学総合本部にて

小渕恵三《おぶちけいぞう》（一九三七～二〇〇〇）

政治家。衆議院議員小渕光平《みつへい》の次男として生まれる。早稲田《わせだ》大学大学院在学中の一九六三年に衆議院議員に初当選。出馬した群馬《ぐんま》三区は「上州戦争《じょうしゅうせんそう》」とも呼ばれる激戦区で、自《みず》らを「ビルの谷間のラーメン屋」とたとえていた。七九年に、第二次大平《おおひら》内閣で総理府総務長官・沖縄《おきなわ》開発庁長官として初入閣。八七年に竹下《たけした》内閣の官房長官《かんぼうちょうかん》となり、新元号「平成」の発表で注目を集めた。その後、自民党幹事長、第二次橋本《はしもと》改造内閣の外務大臣を経《へ》て、九八年に総理大臣に就任。翌年から自由党・公明党との連立政権となる。二〇〇〇年、在任中に脳梗塞《のうこうそく》で倒《たお》れ死去。

質問者　綾織次郎《あやおりじろう》（幸福の科学常務理事 兼《けん》「ザ・リバティ」編集長 兼 HSU講師）
加藤文康《かとうぶんこう》（幸福実現党幹事長）
森國英和《もりくにひでかず》（幸福実現党党首特別補佐《ほさ》）

［質問順。役職は収録時点のもの］

1　小渕《おぶち》恵三《けいぞう》元総理を招霊《しょうれい》する

「平成」と書かれた色紙を持った姿が印象的な小渕《おぶち》氏

大川隆法　今日は、小渕《おぶち》恵三《けいぞう》元総理の霊言《れいげん》を収録しようと思っています。

先般《せんぱん》の収録時（二〇一六年三月十日収録「福田赳夫《ふくだたけお》の霊言」。『自民党諸君に告ぐ　福田赳夫の霊言』〈ＨＳ政経塾《せいけいじゅく》刊〉所収）、群馬《ぐんま》の話題のなかで、「ビルの谷間のラーメン屋」という表現が出てきましたが、それは小渕氏のことです。「群馬には『福田』と『中曽根《なかそね》』という二つの強い力があって、私はその間でラーメン屋を営《いとな》んでいるようなものだ」と、自分のことを評していた方ですので、このイメージだったようです。

『自民党諸君に告ぐ
福田赳夫の霊言』
（ＨＳ政経塾刊）

本日、こちらに来る前にも、小渕氏の霊と少し話をしてみたのですが、若干《じゃっかん》、「自虐《じぎゃく》キャラ」的なものを感じました。

「今日はどんな題をつけたらいいでしょうか。『小渕元総理の霊言』では面白《おもしろ》くないですかね。何か題はありますか」と訊《き》いたところ、「『或《あ》る阿呆《あほう》の一生』っていうのはどうですか?」などと言っていたので、それらしい言い方ではありましたが、「さすがに、その題はつけられませんね」と話をしたのです。

若い人にはあまり記憶《きおく》がないでしょうが、昭和から平成へと元号が変わったころに、ある程度大きくなっておられた人、四十代以降の人であれば、当時、官房長官《かんぼうちょうかん》だった小渕氏が、「平成」と書かれた色紙を持って新元号を発表したときのことを覚えているかもしれません。あのシーンはその後も繰《く》り返しテレビ等に出てきているので、覚えている人も多いのではないでしょうか。

政治家・小渕氏の経歴を辿《たど》る

大川隆法　小渕氏は一九三七年生まれで、現職の代議士だった父親（小渕光平《みつへい》氏）が亡《な》くなったあと、早稲田《わせだ》大学大学院在学中に、二十六歳《さい》で衆議院議員に立候補し、全国最年少での初当選をなされました。

その後、四十二歳のころには、大平《おおひら》内閣の総理府総務長官・沖縄《おきなわ》開発庁長官として初入閣しました。一九七九年のことです。

それから、一九八七年、五十歳のときに竹下《たけした》内閣の官房長官を務め、八九年に平成への元号改正がありました。九一年には、五十三歳で自民党の幹事長となり、九七年、六十歳のときに第二次橋本《はしもと》改造内閣で外務大臣になっています。

1979年11月、小渕氏は第二次大平内閣の組閣時に総理府総務長官・沖縄開発庁長官として初入閣を果たした（写真右上）。

そして、一九九八年、六十一歳のときに、橋本龍太郎《りゅうたろう》氏のあとを受け、第八十四代内閣総理大臣になりました。

最初の六カ月間、自民党単独政権を取ったあと、内閣改造をして自由党と共に自自連立政権（後《のち》に公明党も合流）をつくったものの、小沢一郎《おざわいちろう》氏（自由党党首）が自民党と対立し、政権から離脱《りだつ》した直後に、小渕氏は脳梗塞《のうこうそく》で倒《たお》れ、そのまま翌月に六十二歳で死去されました。

一般《いっぱん》人に直接電話をかける「ブッチホン」で有名だった小渕氏

大川隆法　小渕氏に関し、ほかに残っている印象としては、二千円札の発行を決めたことぐらいでしょうか。「二千円札を刷れば、（買い物の際に）これまでは千円札で出していたところを二千円札で出すかたちになって、以前の倍ぐらい買うようになるのではないか」というよ

2000円紙幣は小渕氏の発案をもとに、2000年7月に発行。表面に沖縄の守礼門《しゅれいもん》、裏面に源氏物語が描かれている。

うな、面白いのか面白くないのか、よく分からない発想でしたが、今では二千円札そのものを見ることがほとんどなくなりました。

あれは、いったいどこへ行ったのでしょうか。みな、記念に隠《かく》して持っているのでしょうか。どこかにあるのだろうとは思いますが、消費は活発にならずに、二千円札そのものがなくなってしまったわけです。

ただ、自分のことを尊大に言う人ではなかったようです。昔、アメリカのブッシュ大統領（ジョージ・H・W・ブッシュ）が外交時にかける電話は「ブッシュホン」などと呼ばれていたこともあり、それにちなんで、小渕氏の電話は「ブッチホン」と呼ばれました。実際、小渕氏はいろいろな人に電話をかける人だったらしく、あちこちに電話がかかってくるという噂《うわさ》もけっこうありました。

例えば、佐野眞一《さのしんいち》という、なかなか大物のノンフィクションライターが、『凡宰《ぼんさい》伝《でん》』、つまり、平凡な宰相の伝記というものを書いているのですが、そこに小渕氏の総理時代のエピソードが出てきます。

佐野氏が小渕総理にインタビューをしたあと、自宅に電話がかかってきて、「小渕恵三でございます。先日はありがとうございました」などと言われ、びっくりしたそうです。秘書ではなく、ご本人が電話をかけてきたので、佐野氏は、「これが噂のブッチホンか」と思いつつも、その真意がつかめず、平凡な宰相に見えるし、それらしいところも多いけれども、ある種の怖《こわ》さを感じ取ったようです。

それは、いくら何でも、謙虚《けんきょ》さというものを通り越《こ》していているような感じがしたわけです。官邸《かんてい》へ来てくれた人に首相が直々《じきじき》にお礼の電話を入れてきたりすることに対して、底知れない〝危険な印象〟を持ったというようなことが書いてありました。

1999年、小渕氏の「ブッチホン」は新語・流行語大賞に選ばれた。

徹底的《てってい》に聞き込《こ》みをするライター・佐野眞一《さのしんいち》氏の取材手法

大川隆法　ちなみに、佐野眞一《さのしんいち》氏は、ルポライターにしてはけっこう手強《てごわ》い人です。

例えば、ダイエーの中内㓛《なかうちいさお》氏と長年の交流があり、ダイエーによく取材に行っていたようですが、『カリスマ――中内㓛とダイエーの「戦後」――』という中内氏の伝記を書き、その考え方、手の内を明かしたら、中内氏およびダイエーから訴《うった》えられたのです。

しかし、そのなかでカリスマの独裁のようなものを見事に書いたことによって、ダイエーが瓦解《がかい》し、潰《つぶ》れるきっかけにもなりました。「ルポライターにはこんなに力がある」ということを見せつけた人で、ほかにも幾《いく》つか書いていますが、けっこう怖いものがあります。普通《ふつう》の人の何倍もの徹底《てってい》した取材、聞き込《こ》みをしていくのです。

余談ですが、幸福の科学の初期のころ、私もこの人にやられたことがあります。

まだ両親が徳島県の川島町《かわしまちょう》（現・吉野川《よしのがわ》市）に住んでいたところに、自宅まで来て、善川三朗《よしかわさぶろう》名誉《めいよ》顧問《こもん》に取材を入れています。

そのとき、顧問が、ほかのマスコミ等で嘘《うそ》を書かれていたところについては「あれ、直しとけ！」と指摘《してき》し、直させた部分もある一方で、あちらのほうも、けっこう根掘《ねほ》り葉掘り訊《き》いてきたようです。いろいろと周りを訊いてから、最後にドンと核《かく》心《しん》を突《つ》いてきて、「どうだ？」と訊くような攻《せ》め方をしたそうなので、何倍も手間がかかるのでしょうが、なかなか手強い人だと思いました。

そのようなわけで、朝日新聞社の雑誌に、佐野氏による私の記事が一回だけ載《の》ったこともありました。

もともとは連続追及《ついきゅう》をするつもりでいたようですが、当時、当会の総合本部があった紀《き》尾《お》井《い》町《ちょう》ビルに、佐野氏が一人で取材に

来たときに応対した広報の者は、口は立たなかったものの、八人ぐらいでワーッと言ったらしく、向こうも身の危険を感じたのか、そのあとは止《や》めたようです（会場笑）。

　なかなかペンにも力があるもので、取材にしても、徹底してくると、やはり、けっこう怖いものはあります。いろいろと矛《む》盾《じゅん》点等を調べていき、それで〝最後に突く〟というやり方をするわけです。

はたして小渕氏の「平凡宰相《へいぼんさいしょう》」という姿は真実なのか

大川隆法　それはさておき、佐野氏は小渕氏のことを取材して『凡宰伝《ぼんさいでん》』を書いたわけですが、怖さを感じているようでもありました。

　この平凡宰相は、ちょっと信じられないようなところがあり、

川島町を望む（徳島県吉野川市）

本当に平凡なのか、それともバカのふりをしているのか、もっと底知れぬ恐《おそ》ろしさを持っている人なのかが、ちょっと分からないという感じだったのです。

今日は、本当は偉《えら》い人だったのか、そうではなかったのか、やはり、「ビルの谷間のラーメン屋」だったのか。これが明らかになるのではないかと思います。

また、お亡くなりになったあとに立党された幸福実現党について、ご存じかご存じでないかは知りませんけれども、ある意味では、可もなく不可もない時代の自民党で総理を務めた立場からの見解も聞けるでしょう。

また、九〇年代以降の景気後退のなかで積極財政を行い、「世界一の借金王」などと自虐ネタを飛ばしていた人でもあるので、この世についての考えや、政界全体についての意見もあるかもしれません。

そのようなわけで、勉強も兼《か》ねて、いろいろなことを素朴《そぼく》にお訊きし、素朴に答えてくだされば、分かりやすいのではないかと思っています。

前置きとしては以上です。

小渕恵三元総理を招霊《しょうれい》し、政治のあり方について訊《き》く

大川隆法　では、お呼びしますので、よろしくお願いいたします。

加藤　よろしくお願いします。

大川隆法　それでは、総理大臣をなさいました、自由民主党の小渕恵三元総理をお呼びいたしたいと思います。

小渕恵三元総理よ。

小渕恵三元総理よ。

どうか、幸福の科学総合本部に降りたまいて、政治に関するさまざまな考え方をお聞かせ願いたく思います。

小渕恵三元総理よ。

どうか、幸福の科学総合本部に降りたまいて、われらに、政治のあり方についてご教授ください。ありがとうございます。

（約十秒間の沈黙《ちんもく》）

小渕恵三（1937 ～ 2000）

中曽根康弘・福田赳夫氏を擁する激戦区・群馬《ぐんま》三区で三番手だった小渕氏。自《みずか》らを「ビルの谷間のラーメン屋」と自嘲していたが、父・光平《みつへい》が３度の落選を経《へ》て６年ぶり２回目の衆議院議員に返り咲いた大切な地盤でもあった。早稲田大学では雄弁会に所属し、政治家となるための人脈や見聞を着々と広めることに注力し、全国最年少 26 歳で当選。着実に政界での地歩を固め、1998 年には総理大臣に就任した。小渕氏は「富国有徳」を国家目標として掲げ、経済再生案に取り組んだ。（写真：郷里・群馬県中之《なかの》条町《じょうまち》の銅像）

2 「安倍《あべ》さんは、天才だ」

あの世での様子をおどけて語る小渕元総理

小渕恵三　（頭を押《お》さえるしぐさをしながら）ああ……、脳をやられてしもうてねえ。

綾織　まだ痛みはありますか。

小渕恵三　もう、駄目《だめ》ですわ。もうねえ、脳みそがない状態なんですよ。

綾織　ない状態ですか（苦笑）。

小渕恵三　だからね、何にも答えられない可能性がある。本人の証明ができないんですよ。脳がないんで。

綾織　肉体を持たれていた時代はそうだったかもしれませんが、今は、霊《れい》として、あの世にいらっしゃるのではないですか。

小渕恵三　もう、〝ラーメン屋〟に何を訊《き》くの？

綾織　まあ、ラーメン屋でもいいかと思うのですけれども（笑）。

小渕恵三　君たちは優秀《ゆうしゅう》な方々なんでしょうから、こちらが教えていただかなきゃいけないわけで。

綾織　いえ、とんでもございません。

小渕恵三　私は、いい人間だったのか、悪い人間だったのか。いい総理だったのか、悪い総理だったのか。もう、歴史の彼方《かなた》に忘れ去られてる存在なのか。

綾織　いえいえ。とんでもないです。

小渕恵三　みなさまがたの意見を聞かないと、自分が何者なのか、さっぱり分からないんです。

綾織　お亡《な》くなりになったのが、二〇〇〇年の五月でした。

小渕恵三　ええ、そうですね。まあ、死んだのは知ってますよ。それほどバカではないので、いちおう分かってます。

綾織　その後の十六年間、どのように過ごされていたのかというのは気になるところなのですが、いかがでしょうか。

小渕恵三　いやあ、ビルの谷間でね、風に吹《ふ》かれんように、本当に苦労しながら営業を続けとるんですわ。

綾織　ああ、営業中ですか（笑）（会場笑）。

小渕恵三　ええ。もう本当、〝ラーメン屋〟もいつ潰《つぶ》れるか分からん状態でねえ。不況風《ふきょうかぜ》で、もう大変なんですよ。

綾織　そうですか。

小渕恵三　ええ。何とか、細々《ほそぼそ》やっております。

綾織　群馬《ぐんま》県にいらっしゃる状態なのですか。

小渕恵三　ええ、群馬にいるようでもあるし、そうでないような気もしますなあ。

綾織　なるほど。

小渕元総理は安倍《あべ》政権をどのように見ているのか

綾織　さっそく「政治的なテーマ」に入りたいと思います。

小渕恵三　新聞はないんでね。よく知らんよ。

綾織　ああ、そうですか。

小渕恵三　もう、こっちには新聞配達してこんからさ。よく知らんけどね。

綾織　群馬のほうにもいろいろなニュースは伝わっているでしょうから、その範囲《はんい》内でいろいろと教えていただければと思います。

小渕恵三　世間話《せけんばなし》ぐらいはあるからね。ちょっとは分かりますけど。

綾織　小渕政権の誕生の経過としては、一九九八年に参院選があり、そこで橋本龍《はしもとりゅう》太郎《たろう》さんが率《ひき》いる自民党が負けて、小渕さんが首相に就任されました。就任当時、橋本さんが消費税の増税をしていたこともあり、不況がかなり厳しいものになっていました。

今は安倍《あべ》政権なのですが、同じように消費税を上げて、その後、景気が若干《じゃっかん》後退したということで、状況としては非常に似ています。

小渕恵三　うん？「似ています」？ふーん。

綾織　はい。小渕さんは、安倍政権の現在の状況をどのようにご覧になっているのでしょうか。

小渕恵三　うーん。あんたはすごいインテリみたいだねえ。怖《こわ》いね。官邸詰《かんていづ》めになってほしくないなあ。

綾織　ちょうど、小渕政権の時代は、私は官房長官《かんぼうちょうかん》の担当で、野中《のなか》（広務《ひろむ》）さんの担当でいました（笑）（注。質問者の綾織は、かつて産経新聞の記者をしていた）。

小渕恵三　怖い、怖い。怖い笑い方をして、バカにしてるんだよね？

綾織　いえ、いえ（笑）（会場笑）。そんなことはないです。

小渕恵三　本当はバカにしてるんだよ。

綾織　まあ、小渕さんが倒《たお》れられたときも……。

小渕恵三　何、介護《かいご》してくれた？　それだったら、お礼を言っとかないと。お礼せないかん。

綾織　いや、介護するところまでは行けなかったのですけれども（笑）、非常に残念な気持ちでございました。

小渕恵三　うーん。残念？

綾織　ええ。

小渕恵三　ああ、そうですか。それはいいことだ。それはいいことだなあ。

綾織　やはり、経済や外交など、多方面に頑張《がんば》っていらっしゃったので、非常に残念だと思いました。

「マスコミ受け」は悪くなかった小渕元総理

小渕恵三　いやあ、私はね、「マスコミ受け」はそんなに悪くなかったんですよ。

綾織　そうですね。はい。

小渕恵三　マスコミ人は私と接すると、みんな優越《ゆうえつ》感を感じるからね。

綾織　ああ、そういう……（笑）。

小渕恵三　そういう意味で、やっぱり、「政治の上に立ってる」っていう気持ちが満喫《まんきつ》できたからさ。ほかの橋本（龍太郎）さんとかだったらね、橋本さん、なんか怖いもんね。みんな、なんか怖がってたよね。

綾織　そうですね。

小渕恵三　遠巻きにね、間合《まあ》いを取らないと、打ち込《こ》まれるといけないからね、怖がって。

私は怖くないからね。だから、みんな優越感を感じてたよね。そういう意味では、「純粋《じゅんすい》な早稲田《わせだ》の伝統を背負ってた」っていうところはあるけどね。

綾織　はい。

「消費税を上げても政権が続いている安倍《あべ》さんは天才」

小渕恵三　えっと、何だっけ？「安倍《あべ》さんは消費税を上げたけど、どうか」っていうような話だったかな？

綾織　そうですね。現在は、小渕政権と同じような状況になってきていると思います。

小渕恵三　全然違《ちが》うんじゃないですかね。

綾織　違いますか。

小渕恵三　なんかね、うーん。やっぱ、安倍さんは天才ですよ。

綾織　ほお。

小渕恵三　やっぱ、天才です。あれは天才だわ。私は凡人《ぼんじん》ですけども、あれは天才だわ。

消費税上げてね、まだ政権が続いてるんでしょ？　すっごいですよ。で、次も上げるかどうかも、胸三寸《むねさんずん》なんでしょ？　（おどけた口調で）「上げようかぁ、やめようかぁ」、「それで選挙に勝てるか、勝てないかぁ」、「野党を潰すか、潰さないかぁ」。そんなんでしょ？　すごいっすよ。天才っすよ、あれ。あれは天才だわ。

綾織　なるほど。

小渕恵三　うん。〝おじいさまがた〟を超《こ》えた（注。安倍晋三《しんぞう》氏の祖父は岸信介《きしのぶすけ》元総理、大叔父に佐藤栄作《さとうえいさく》元総理がいる）。

綾織　ああ、「超えてる」と。

小渕恵三　超えた。

綾織　確かに、橋本龍太郎さんは、消費税を上げて、ボロボロになって辞《や》めました。

小渕恵三　いや、真《ま》っ向《こう》から行くからね。あの人は真っ向から行くからさ。真っ向からだから、決まるときは決まるけど、外れたときにはやられるわな。外したら打ち込まれる。

安倍さんはけっこうフワフワしていて、正月の凧《たこ》みたいなところがあるじゃないですか。（凧の糸を伸《の》ばすしぐさをしながら）どこまでも揚《あ》がっていって、紐《ひも》が伸びて伸びて、伸びていっても、「まだ揚がるわ」っていうようなところがあるでしょ？

綾織　うーん。

小渕恵三　あんなところがあるからさ、ちょっと違うなあ。

綾織　いろいろな目測を、きちんとつけながらやっているのかもしれません。

小渕恵三　いやあ、安倍さんは天才っすよ。〝ラーメン屋〟とはちょっと違うわ。あれは全然違う。

綾織　なるほど。消費税を上げるのは、極《きわ》めて難しいこと

加藤　小渕元総理、本日は貴重な機会を頂きまして、本当にありがとうございます。

小渕恵三　あなたみたいな優秀そうな人が出てきても、困るなあ。

加藤　ありがとうございます。

小渕恵三　ここは、敷居《しきい》が高くってねえ。

加藤　今、綾織のほうから、消費税のお話がテーマとして出ていますが、小渕内閣発足《ほっそく》当初は、橋本前内閣時の、消費税の三パーセントから五パーセントへの引き上げが大きな引き金となって、深刻な景気後退局面にありました。そのなかで小渕総理は、そうとうご苦労なされたと思います。

先般《せんぱん》、こちらに堺屋太一《さかいやたいち》さんの守護霊《しゅごれい》様にもお出《い》でいただいて、いろいろとお話をさせていただいていたのですけれども（『守護霊インタビュー　堺屋太一　異質な目　政治・経済・宗教への考え』〔幸福の科学出版刊〕参照）、やはり、今、振《ふ》り返ってみて、「消費

『守護霊インタビュー　堺屋太一　異質な目　政治・経済・宗教への考え』（幸福の科学出版刊）

税の三パーセントから五パーセントへの引き上げ」というのは、そうとうな経済的ダメージがあったと、小渕先生は思われていますか。

小渕恵三　ま、「先生」はつけなくていいよ。君ね、心にもないことを言うべきじゃないよ。

加藤　では、何とお呼びすれば……。「小渕総理」で（笑）（会場笑）。

小渕恵三　「小渕君」と言われても構わないですよ。ええ。

加藤　そうはまいりません（笑）。

小渕恵三　やっぱり、あれだね、税金を上げられて喜ぶ国民はいないんでね。だから、安倍さんはね、「『税金を上げろ』と周りが言う、マスコミが言う、野党が言う」っていう、まこと不思議な人ですよね。誰《だれ》が上げたって普通《ふつう》は嫌《いや》がる。竹下《たけした》（登《のぼる》）さんでさえ、すっごい苦労された。中曽根《なかそね》（康弘《やすひろ》）さんでさえ、入《い》れ損《そこ》ねたようなもんですから。どんな人気のある内閣でも、普通、税金を上げたら一発で〝逝《い》きます〟からね。

綾織　うーん。

小渕恵三　いやあ、そらあ難しい。極《きわ》めて難しいことですから。それでね、増税して財政再建をしようと思ったのに、結果また、借金を増やしちゃったんでね。本当、私はさっぱり分かりません。

とにかく、私は、「任期は短かろうから、その間、何とかもたせないかん」という、その一心でしてね。もう、「二年ももてばいい」という感じでやっておったんでね。「あとは偉《えら》い人が出てきて、誰かどうにかしてくれるだろう」とは思うとったですけどね。

ただ、小泉《こいずみ》（純一郎《じゅんいちろう》）さんとかが、あんなに人気が出るとは思わんかったけどね、さすがにね。

うーん。税金はそりゃあね、みんな嫌ですよ。で、「増税する」と言う政権が与《よ》党《とう》で力を持って、憲法改正勢力に迫《せま》ろうとしてるなんていうのは、考えられないっすわ。信じられないです。いやあ……。

3　小渕元総理は「失われた二十年」をどう見ているか

「私は〝クビ要員〟で、堺屋《さかいや》さんが実質上の総理だった」

加藤　当時の増税のダメージを何とか回避《かいひ》して、景気を上向かせようということで、堺屋太一《さかいやたいち》経済企画庁長官《きかくちょう》などの意見も含《ふく》めて、小渕総理は、積極財政の方針を採りました。

あのあたりは、もう、「なりふり構わぬ」というか、それとも、「やむをえない」という状況《じょうきょう》だったのでしょうか。それとも、「危機を克服《こくふく》するためには、こうした財政出動が最優先」という信念がおありだったのでしょうか。

小渕恵三　いや、ここはもう、難しい話ばっかりされるから、国民はついていけても、総理大臣は落ちこぼれるかもしれないような質問ばっかりだね。

加藤　いえいえ（苦笑）。

小渕恵三　次々、来るね。

みんなね、国民もマスコミも、私に「経済が分かる」なんて思ってはいないわけですよ、基本的には。

あのときは、堺屋さんが実質上の総理でしてね。だから、堺屋さんが「いい」と言えばいいので。私は要するに、〝クビ要員〟で乗ってるだけでしたので。

綾織　当時は、宮澤《みやざわ》喜《き》一《いち》さんも大蔵《おおくら》大臣をされていました。

小渕恵三　そういうこともありましたね。あの人も〝クビ要員〟ですけど、私と一《いっ》緒《しょ》で（会場笑）。〝クビ要員〟ということで、並んでただけですので。
いや、そらね、何がいいかなんて、さっぱり分からん。それは分からんけど、堺屋さんが「いい」って言ったら、いいんだよ。

綾織　ほお（笑）。

小渕恵三　彼は議員じゃないからね。「責任は取れないから、責任はこっちが取る。クビはこっちが差し出すから、政策はそっちでお願いする」って、そういう関係だったですからね。
「〝総理大臣〟がたくさんいた、つぎはぎ内閣だった」

綾織　とはいえ、当時は、「経済再生内閣」ということで、「積極財政路線で行くんだ」というところは、ご自身の言葉でもかなり語られていたと思いますし、その後、何十兆円という、たくさんのお金を使ったこと自体は非常に評価されていました。「景気が上向きになった」とは言いませんけれども、「それなりに、じわじわと株価も上がっていった」ということがありましたので、小渕元首相には素晴《すば》らしい経済手腕《しゅわん》があったとは思います。

小渕恵三　うーん。どうかなあ。それはどうかなあ。

綾織　「結果責任」ということも含めて、いかがですか。

小渕恵三　あのときは、宮澤さんもまだ〝あれ〟だったかね。戦前の、「高橋是清《たかはしこれきよ》の再出動」「ダルマさんが出てきた」みたいな感じでね。マスコミは、私のようなのと違《ちが》って、インテリには弱いからね。

ほんとは、経済の失政はあったんだと思うんだけどね、宮澤内閣もね。

綾織　そうですね。

小渕恵三　だけど、宮澤さんが出てきたら、何となく「頼《たよ》れる」というふうにみんな思ってるようであったので。私じゃなくて、「宮澤さんがいるから、何とかなるだろう」という気持ちはあったのかも。

要するに、(小渕内閣は)本当は「つぎはぎ内閣」で、私一人を乗っけるために、〝実際上の総理大臣〟がほかにいっぱいいたわけですよね。経済的なものは、〝中継《なかつ》ぎ〟しかやってないので、もう何とも言えない。

だから、橋本《はしもと》(龍太郎《りゅうたろう》)さんの〝剣道《けんどう》の切れすぎるところ〟を薄《うす》めるだけの仕事ですよね。私なんかはもう、柔道《じゅうどう》着をつかんで寝技《ねわざ》に持ち込《こ》んで、ジーッと動かないような、そんな〝絞《し》め技〟をやっておったような感じですかね。

日本政府の借金財政の状況《じょうきょう》を、どう見ているか

綾織　基本的に、その後の内閣も、小渕さんの枠組《わくぐ》みで、特に経済政策は動いていたと言っていいと思うのです。

小渕恵三　ふーん。ああ、そうですか。

綾織　はい。ただ、一方で、社会保障の莫大《ばくだい》な費用もあって、今は一千兆円の政府の借金が……。

小渕恵三　耳が痛いねえ。

綾織　ご自身でも、「日本一の借金王」と言われていましたけれども。

小渕恵三　あの世まで〝取り立て〟に来るのは、やめてほしいけどね。私のほうに回されると、ちょっと困るんですけどね。

そうなんです。私が、「またまた借金を増やしていく方向に舵取《かじと》りするかどうか」の責任を取らされたからね。だから、早死にしたわけよ。

綾織　なるほど。

小渕恵三　国民の恨《うら》みが積もって、死んだんだよ。

綾織　今の日本政府の借金財政について、この状況《じょうきょう》を、どのようにご覧になっているのでしょうか。

小渕恵三　そらあ、年寄りを若い人が養《やしな》わなきゃいかんのと同じように、今の政権の後始末《あとしまつ》を、若い政治家たちがやってくれることだろうと思っておりますけどね。いや、私らはもう、やるべきことはやり尽《つ》くしとるんでね。もう「新しい手」なんてないんですよ。なんでこんなふうになったのか、さっぱり分からないんでね。そのときどきのニーズに応じてやってるだけで、結局、こうなったんですよね。

綾織　うーん。

小渕恵三　財政再建派とかが、あんまり頑張《がんば》っちゃっても、また不況がもっと深刻化するしね。だけど、積極財政をやったら、これまた赤字がもっともっと進むしね。うーん。

いやあ、難しいですね。政治家にならないのがいちばんですよ。

綾織　（苦笑）

小渕恵三　政治家なんかになったら、もう、あの世で迷い続けますよ、ほんとに。

「この世のことは諸行無常《しょぎょうむじょう》」とはぐらかす小渕元総理

加藤　少し話が戻《もど》ってしまうのですが、冒頭《ぼうとう》、大川隆法総裁から、「小渕元総理の印象」ということで、「平成」の元号が決まったときの発表のお話がありました。当時、官房長官《かんぼうちょうかん》であられましたけれども、まさに、「平成長官」ということで、そのときの写真は今も非常に強く印象に残っております。

小渕恵三　ああ、ええ。

1989年1月7日、昭和天皇の崩御に伴い、内閣官房長官の小渕氏から新元号「平成」の発表があった。以後、小渕氏は「平成おじさん」の異名を取るようになる。

加藤　平成の御代《みよ》も、すでに二十八年となり、小渕さんが亡《な》くなられて、十六年となります。

小渕恵三　ああ、ああ。

加藤　ただ、平成の御代になってから、日本の国勢、国運は、経済一つ取っても、なかなか厳しく、「上げ潮」にならないところがあります。

小渕恵三　うん、うん。

加藤　ややマクロというか、大きな観点で……。

小渕恵三　あ、君の言葉、難しいな。

加藤　いやいや。

小渕恵三　なんか、もうちょっと分かるように言うてくれんかなあ。

加藤　では、平成になってからの日本の経済は、いかがでございましょうか。

小渕恵三　私はインテリじゃないからね。〝インテリもどき〟だからね。それで、え？　平成になって……、影響《えいきょう》？　え？

加藤　自民党も、ずっと政権を担《にな》っていますが、いかがですか。「失われた二十数年」などと言われていることもありますけれども。

小渕恵三　「失われた二十数年」っていったって、私は十六年眠《ねむ》ってるから、そんなの知らないけど。

綾織　（苦笑）

加藤　そのうちの二年間は、あなたが総理をやっていらっしゃいましたし……。

小渕恵三　アッハッハッハッハッ（笑）。

失われたかねえ？　年号は順調に進んでるから、そんな、「失われた」わけではないけど。車は、前にも後ろにも進めるようにできてるからね。バックもできなきゃいけないからさ。前に進んだり後ろに進んだりできることで、危険回避できるようになってるからね。アクセルを踏《ふ》み込む人も、バックする人もいて、調整をつけていかなきゃいかんのだろうけどね。

うーん……。君ら、手強《てごわ》いからなあ。どうしたもんかなあ。何？　「今の自民党の足を引っ張れないから、昔の総理を呼んできて、そのへんの罪を追及《ついきゅう》して、一緒に引き倒《たお》そう」とか、そういう考えかい？

加藤　いえ。決して、そういうわけではありません。

綾織　基本的には、「大所高所《たいしょこうしょ》からのアドバイスを頂きたい」ということです。

小渕恵三　大所高所？　ふーん。アドバイスったって……。「失われた二十年」ったって、私だって、肉体を失ってもう十六年ですよ。だから、よく分からんけどさ。この世のことはね、「諸行無常《しょぎょうむじょう》」なんじゃないの。もう諦《あきら》めたほうがいいんじゃないですか。しょせん、この世はうまくいかないんですよ。

この世がうまくいかないから、あの世があって、あの世で〝予備校〟に通うんですよ、みんなね。もう一回、勉強し直さなきゃいけないんです。この世の失敗を、よく反省しながらね。そういうことなんですよね。

私みたいなのは、ほとんど不成仏霊《ふじょうぶつれい》のような元首相ですからね。来世《らいせ》、本格的に〝ラーメン屋〟に進出するために、今、研究に勤《いそ》しんでますからね。今度こそは、本物の〝ラーメン屋〟を目指していこうと思ってますよ。〝永田町《ながたちょう》ラーメン〟を、次は出さないとな。

綾織　永田町ラーメン（笑）。

4　小渕元総理は「消費税」をどう見ているか

「消費税は、成功者たちも納得《なっとく》する税制」

小渕恵三　君ら、手強《てごわ》そう。怖《こわ》いわあ。ちょっとお手柔《てやわ》らかにしてくれんかな。

森國　本日は、お越《こ》しいただいて、ありがとうございます。

小渕恵三　若い人は、もっと怖いんだあ（会場笑）。

森國　いや（笑）、とんでもないです。そんなことはないと思います。

先ほど、「平成の御代《みよ》」という話があったのですが、振《ふ》り返ってみますと、八九年に導入された消費税が、ずっと日本の足を引っ張ってきたようにも感じることがあります。

小渕恵三　うーん。

森國　今の安倍《あべ》政権においても、大きな争点の一つは、やはり、「消費税をどうするか」というところであると思います。

以前、竹下《たけした》元総理の霊《れい》が、こちらにいらっしゃったときに、「消費税上げは、財政再建のためにやったんだけれども、誤りであった」というようなことを述懐《じゅっかい》されていました（『政治家が、いま、考え、なすべきこととは何か。元・総理　竹下登《のぼる》の霊言《れいげん》』〔幸福実現党刊〕参照）。

『政治家が、いま、考え、なすべきこととは何か。元・総理　竹下登の霊言』
（幸福実現党刊）

小渕恵三　ほお。竹下さんがそんなことを？　天国に還《かえ》ってないんかねえ。

森國　（苦笑）小渕元首相のほうは、消費税に関して、どのように見られていますか。

小渕恵三　でも、そう言ってもさ、君たちは、マルクス主義的なのは、あまり好きでなくて、「成功者が金を儲《もう》けて何が悪い」って開き直ってるんでしょ？　たぶんね。

そういう考えで言や、消費税っていうのは、「幅広《はばひろ》く大勢の人に負担してもらう」ということだからさ、それは、公平という意味では公平な税制だからね。

例えば、所得税だけだったら、三割や四割は払《はら》っとらん人が、たぶんいるからさ。所得税は払っとらんけど、公共サービスはちゃんと受けてるよなあ。警察も消防署も、その他の〝あれ〟もみな、やってますからね。

そらあ、「金持ちだけが払って、ほかの人は利益の享受《きょうじゅ》だけして」っていうわけにはいかんから、やっぱり、ささやかでも負担したほうがええと思うしね。必要最小限使うものは、みんな必ず買わんとおれんからさ。ちょっとずつ我慢《がまん》してでも買うから、その分、一部だけ税金を頂くということでしたほうが、高所得者層っていうか、成功した人たちも納得《なっとく》する税制ではあると、私は思うんだけどね。だけど、税率も九十パーセントまで行ってたときもあるからさ、所得税含《ふく》め、全部入れたら。（松下《まつした》）幸之助《こうのすけ》さんなんかも、いつも怒《おこ》っておられたけどね。ついこの前まで七十パーだったし、最近、四十五パーぐらいまで下がって、また五十五パーまで戻《もど》ったのか知らんけども。

だから、消費税をなくすっていうことはだね、累進課税《るいしん》や相続税みたいなのをもっと徹底的《てってい》に取るようなことになったり、奢侈《しゃし》品の税金とかも、すごく高くなったりするようなことになるから、「みんなが分担して、ちょっとずつ引き受ける」っていう意味では、民主主義的には、理念的には合ってるところはあるとは思うんだけどな。

そんなに悪かったんかなあ。

消費税は、無職の人からも取れる〝すごい税制〟？

綾織　問題はおそらく、消費税が「社会保障とセットになっている」というところだと思うのです。

小渕恵三　うーん。

綾織　社会保障の費用を賄《まかな》うために、消費税をどんどん上げていくというところが、いちばん問題かなと思います。

おそらく、「十パーセント、二十パーセント、三十パーセント……」というように上がっていってしまうので、これは大きいのかなと。

小渕恵三　みんな、目先のことしか考えてはおらんからね。マスコミだってさ、今回は説得されたんだろうけど、消費税二十パーとかにされたらさ、ほとんど潰《つぶ》れてると思うよ（笑）。

綾織　そうですね。

小渕恵三　生き残れるところはないんじゃないかなあ。そんなに利益率ないもんね。そりゃあ、かなり厳しいから、今のところは我慢しても、もうそれ以上、そんなには我慢するとは思えんから、いずれ限界は来るわな。

だから、役所が頑張《がんば》って、財務省が引っ張って、「五十パー以上、消費税を払ってくれれば、老後は安泰《あんたい》です」って言うても、そらあ、そう簡単には許してくれんだろうからさ。ちょっとずつちょっとずつ、二パーだ、三パーだと上げてるから、目先をごまかせてるし、その間にちょっと景気をよくすれば、次が狙《ねら》えるっていうような、そういう攻《せ》め方だろうね。

将棋《しょうぎ》で言や、「歩《ふ》」を一個ずつ突《つ》いてくるような感じの攻め方で、そんな極端《きょくたん》な策は取ってはいないんだけどね。

綾織　うーん。

小渕恵三　次は、老後の面倒《めんどう》を国のほうが見られなくなるから、ＮＨＫさんとかで、老後、野垂《のた》れ死《じ》にした人をいっぱい特集したりして、「これでいいんですか?」みたいな問題提起をたくさんなされるようになるでしょうからね。それで、「どうするんだ」っていう話になるわね。

だけど、公務員だって、そんなに大量にリストラかけたらさ、失業者がいっぱい増えるからね。まあ、公務員が務《つと》まらんようだと、何も務まらない……。いや、これは言っちゃいけないけど、公務員が務まらないようだったら、商売はだいたい務まらないですからね、普通《ふつう》は。
だから、「そんなに無職の人をいっぱいつくり出して、はたしていいのかどうか」
ということだな。
消費税は、「無職の人からも税金が取れる」っていう、〝すごい税制〟だからね、
ある意味では。いや、ほんとは、「消費税を取る」って、〝すごい〟ことなんだよね。
欧米《おうべい》は、なんでそんなに理解があるんだろうね。

5　小渕元総理が予想する「次のアベノミクス」とは

「巨大《きょだい》な国外消費経済」が起きることを安倍《あべ》総理は期待している？

綾織　竹下登《たけしたのぼる》元総理（の霊《れい》）は、霊言《れいげん》のなかで、「数年で、政府は潰《つぶ》れてしまうだろう」と、極《きわ》めて強い危機感を述べられていました。

小渕恵三　ああ。もう涅槃《ねはん》に入《い》ったんだな、あの人はきっと。

綾織　まあ、そうですね……（苦笑）。

小渕恵三　だから、もう、この世に責任がないんだわ。

綾織　いやいや（笑）、強い責任感は感じられました。

小渕恵三　ああ、そう？　ふうーん。

綾織　非常に心配されていました。「自民党、このままでいいのか」ということで、自民党議員のみなさんにも、非常に厳しくご指導されていました。

小渕恵三　アベノミクスとかいう〝魔法《まほう》〟が今、出てるんだろ？　安倍《あべ》さんがまた、超《ちょう》異次元的な発想を何かなされるんじゃないですかね。

綾織　ああ、これからも？

小渕恵三　うーん。

綾織　異次元的な？

小渕恵三　アベノミクスの第三次、第四次と、さらに出てくるんじゃないですかね。

綾織　もう、ほぼ手《て》詰《づ》まり状態ですが……。

小渕恵三　いや、あの人、天才だから分からないですよ。

綾織　そうですか。

消費税8％の導入が国内経済の停滞を招いたという批判が強まるなか、2016年2月、日銀は初のマイナス金利を導入。しかし、株価の下落傾向は止まらず、日経平均は前年の2万円から1万6千円台に（写真：2016年4月28日の日経平均株価）。

小渕恵三　たぶん。

加藤　アベノミクスもかなり手詰まり感というかですね……。

小渕恵三　いや、そんなことないよ。

加藤　ではまだ、何か「新たな手」はあるのでしょうか。

小渕恵三　ああ。「朝鮮《ちょうせん》戦争をするつもり」だから。

綾織　ああ。

加藤　戦争特需《とくじゅ》で……。

小渕恵三　それが次のアベノミクスだよ。〝戦争ノミクス〟だ。それで、「朝鮮特需」を狙《ねら》って、そうしたら、まだ五年ぐらい食っていける。

綾織　なるほど。

加藤　安倍さんは、こんなことを真剣《しんけん》に考えているのですか？

小渕恵三　考えてるんじゃないですか。

1950年代、朝鮮戦争の勃発に伴い、日本では連合軍の物資大量調達による10億ドルもの特需が発生（写真：連合軍の軍用機の修理を受注）。

加藤　考えているような感じがしますか。

小渕恵三　いやあ、そう思いますよ。追い込《こ》んでますね。そうなんじゃないですか。

綾織　北朝鮮を追い込んでいる？

小渕恵三　いやあ、アメリカも抱《だ》き込み、韓国《かんこく》も抱き込み、何か消費経済を起こそうとしてるということですね。国内消費が起きないから、国外消費を起こそうとしていますね。

例えば、少なくとも、米軍が戦うだけにしてもね。つまり、日本の憲法改正ができず、日本が軍を送れなかったとしても、米軍が消費しますからね、いろいろ。それを支えることができますわね。だから、やっぱり消費経済は起きますよね、戦争になったら。

綾織　うーん。

小渕恵三　それから、中国もありますしね。

綾織　はい。

小渕恵三　場合によっては、今年、来年あたりから、巨大《きょだい》な消費経済が起きるんじゃないかと思って、期待してるんじゃないですか。

綾織　なるほど。

小渕恵三　これがアベノミクスの次のステージでしょう。

綾織　ほお。それは、安倍さんの心のなかをお読みになっている？

小渕恵三　いや、〝ラーメン屋〟にはよく分かりませんがね。

綾織　（笑）

小渕恵三　〝ラーメン屋〟にはよく分からんけど、〝お客さん〟は、そういうふうには言うてますね。

綾織　なるほど。

防衛強化をするために安倍《あべ》総理が祈願《きがん》していることとは

加藤　ただ、戦争特需と言いましても、一九五〇年代とは情勢も違《ちが》います。また、ひとたび何かドンパチが始まると、わが国にとっても、かなり危険というか、怖《こわ》い事態になりますし、北朝鮮は実際、核《かく》兵器、核ミサイルなども持っております。大《だい》丈夫《じょうぶ》なのでしょうか。

小渕恵三　いや、安倍《あべ》さんはね、首相官邸《かんてい》で祈願《きがん》してるような感じが、私にはしますよ。

加藤　え？　祈願ですか。

小渕恵三　ええ。あなたがたのまねをして、祈願して、「北朝鮮のミサイルが一本ぐらい、どっか、日本の領土に落ちてくれないか」って、祈願してる感じがする。

加藤　ああ。

小渕恵三　一本でいいから、どっか領土内に落ちてくれたら、それはもう、防衛強化しなきゃいけないから、防衛産業をガーッと準備しなきゃいけなくなる。財政も出動できるし、それをまた、どんどん消費できますからね。いいんじゃないですか。

加藤　確かに、日本の世論《せろん》というか、国論というのは、そういったことでもなければ、なかなか変わるところはありません。逆に、そういうことがあることによって、一気に、一夜にして変わるところもあります。

麻生《あそう》副総理は「自作自演」を考えている？

小渕恵三　そういうことがなかったら、きっと、麻生《あそう》さんなんかが、「自衛隊の特《とく》殊《しゅ》部隊は、北朝鮮の側から、日本に向かって何か撃《う》ち込め！」とか言ってるような気がするなあ。

綾織　ああ、自作自演の？

小渕恵三　うん。「自作自演やって撃ち込んだらいいんだよ、とにかく。対馬《つしま》あたりに撃ち込んだら分かりゃせんよ。それは、北朝鮮が撃ったに違いないって、きっと思うよ」とか言ってさ。

加藤　今、麻生副総理のお名前も出ましたけれども、麻生さんに関しても、何となく、お感じになるところがあるのですか。

小渕恵三　うん。そのへんは感じるなあ。そらあ、感じるわねえ。

加藤　ああ。

小渕恵三　夢枕《ゆめまくら》ぐらいには立っとるかもしらんな、たまにな。

綾織　なるほど。

小渕恵三　感じるよ。

森國　夢枕に立たれて、何かアドバイスしたりされているのですか。

小渕恵三　いやあ、ハッハハ（笑）。日本滅亡《めつぼう》計画を立てているわけではないんだけどね。「そんな発想が出ているのかなあ」というふうに感じることはありますね。

なぜ安倍《あべ》総理は「ドローンによる宅配便の研究」を始めたのか

綾織　安全保障の話になりましたので、小渕政権時代を振《ふ》り返ってみたいと思うのですが、一九九八年に、北朝鮮のミサイル発射がありましたので、その後、自民党も少し目が覚めて、「偵察《ていさつ》衛星を打ち上げる」など、それなりに対策をされてきました。

小渕恵三　うん。

綾織　ただ、一方で、当時、中国の軍事的な動きは、まだそんなに目立っていなかったので、そこの部分は、今とかなり大きな差があります。

小渕恵三　そうだね。中国はすごく変わったからね。

綾織　はい。近年では、「南シナ海」とか「東シナ海」とかで、非常に侵略《しんりゃく》的な動きを始めています。

そういった点について、あの世から、どういうふうにご覧になっているのでしょうか。

小渕恵三　いやあ、安倍《あべ》さんはね、天才なだけでなくて、すごく謙虚《けんきょ》ですよ。

綾織　はあ。

小渕恵三　安倍さんは謙虚でね、君たちが言っていることによく耳を傾《かたむ》けて、君たちが出してくる提案とか、政策等は収集してますよ。

綾織　ほお。

小渕恵三　だから、今、「ドローンによる宅配便の研究」を、一生懸命《いっしょうけんめい》やってるじゃないですか。

綾織　はい、はい。

小渕恵三　あれは、次の朝鮮戦争に備えてるんですよ。

綾織　あっ、戦争のためなんですね？

小渕恵三　うん、そう。準備しておるんですよ。ドローンで宅配ができたら、〝爆《ばく》弾《だん》の宅配〟だってできますからね。

綾織　なるほど（苦笑）。

小渕恵三　人は死ななくて、ちっちゃな機械だけ飛んでいくだけですから。ね？　沖合《おきあい》から飛ばせばいいわけですからね。今は、そのドローンによる爆弾の宅配を研究中なんですよ。

綾織　なるほど。

小渕恵三　だから、今、やってるんですよ。君たちのアドバイスは、的確に受け止めて、やってる。

どっかで何か、書いたんだろう？　そんなことを、何か書いたんじゃないか？　違うかったかな？　よくは知らんけどさ、何かそんな感じで、「ドローンで爆弾をお土産《みやげ》として、金正恩《キムジョンウン》に届ければいい」というような話を研究してるように見えるなあ、私には（注。『緊急《きんきゅう》・守護霊《しゅごれい》インタビュー　台湾《たいわん》新総統　蔡英文《さいえいぶん》の未来戦略』〔幸福の科学出版刊〕の「あとがき」には、「日本も台湾が防衛している程度には、国土防衛しなければなるまい。将来、核ミサイルを発射することになるかもしれない北朝鮮に対しては、経済制裁のみならず、ドローンなどで夜間にミサイルサイトを攻撃《こうげき》することも当然自衛の範囲《はんい》だと考えねばなるまい。」とある）。

『緊急・守護霊インタビュー　台湾新総統　蔡英文の未来戦略』（幸福の科学出版刊）

安倍《あべ》総理は国防問題に困っているふりをしている？

綾織　では、安倍《あべ》政権は、基本的には戦争の準備に入っているということなんですね？

小渕恵三　そうしたらば、景気がよくなるし、税収は増えるし、本来の国防計画は万全になるしさ、いいことばっかり。アメリカがどうなるか分からんからさあ。

綾織　はい。

小渕恵三　それに関係なく進めていく。沖縄《おきなわ》で、ああやってこじれてるの？　いやあ、安倍さんは天才だからね。だから、あれは、こじれて困ってなんかいやしないのよ。

「こじれればこじれるほど、日本は自主的に防衛ができる」と思っているから、実は、困っているように見せながら楽しんでる。

綾織　ドナルド・トランプ氏にも、日本に対して、「米軍駐留《ちゅうりゅう》のお金を負担しろ」と言われて……（注。アメリカ合衆国大統領選挙候補者のドナルド・トランプ氏は、二〇一六年三月二十一日に行われた米紙ワシントン・ポストの論説委員らとの会合で、米軍駐留経費の日本側負担に関し、「なぜ百パーセントの負担ではないのか」と疑問を投げかけた）。

小渕恵三　そうそうそうそう。だから、「負担しないんだったら引き揚《あ》げる」と言われたり、「自分で核武装しろよ」とか言われたりして、「いや、困る困る困る困る」と言いながら、（落語《らくご》でいう）「まんじゅう怖い」だよ。

●まんじゅう怖い　古典落語の演目の一つ。若い者たちが「自分の怖いものは何か」を言い合っていた際、仲間内の嫌われ者は「まんじゅうが怖い」と嘘をついた。皆はそれを信じ込み、まんじゅうを買い与えると、嫌われ者の男は、それをすべて平らげてしまうという話。

綾織　おお。

小渕恵三　ほんとにね、「まんじゅう怖い」の世界で、「ついに言わせた」という感じでしょうかね。

綾織　うーん。

小渕恵三　だから、「政治歴のない実業家が出てきて、本音をボンボン言ってくれると助かるなあ」っていうところだよな。

6 「中国の脅威《きょうい》」をどう見るか

「習近平《しゅうきんぺい》はアメリカと競争して負ける」

加藤　中国の軍事的脅威《きょうい》が本当に深刻なものになってきていると、われわれも感じているのですけれども、大丈夫《だいじょうぶ》なのでしょうか。

小渕恵三　中国……、〝ラーメン屋〟としては、中国とはラーメンを共有できる仲だから、そんなに難しくはないいんじゃないかなとは思うんだが。

加藤　（苦笑）

小渕恵三　中国っていうのは、なかなか本気にならん国だからね。上が一生懸命《いっしょうけんめい》に太鼓《たいこ》を叩《たた》いても、下は動かんところだからね。

だから、そんなに心配しなくても、今の政権？　強面《こわもて》政権をやってるけど、もう民衆が見放してきたんと違《ちが》うかね。何か、そんなふうに見えるがね。

綾織　ああ、そうですか。

小渕恵三　もう、ついていかないいんじゃないかなあ、あれは。

綾織　今は、言論の部分の締《し》めつけが、かなり激しくなっています。

小渕恵三　そうそうそうそう。やっぱり、今は、情報がいろいろなかたちで入ってきつつあるからね。

綾織　ええ。

小渕恵三　だから、おかしいのは分かってきてるんだよな。いや、アメリカと競争して、(中国は) 負けるんだと思うんだよ。これから数年で、たぶん負ける。

アメリカは敵に対しては容赦《ようしゃ》ないからね。敵として、ライバルとして出てきたところに対しては容赦がない。弱いものに対してはすごく慈悲《じひ》深いけどな。だから、負ける。習近平《しゅうきんぺい》さんは、たぶんアメリカと競争して負けるな。

加藤　うーん。

小渕恵三　負けるので、そのあと、「経済の大崩壊《だいほうかい》」が起きる。そうしたら、国民は言うことをきかんわな。金儲《かねもう》けばっかりやってた国民だからな、鄧小平《とうしょうへい》さんのときからな。

国民が言うことをきかないから、いやあ、下手《へた》すりゃ、また革命は起きるし、革命が起きないにしても、正反対の路線が敷《し》かれる可能性がある。安倍《あべ》さんは天才だから、安倍さんを凧《たこ》みたいに揚《あ》げとけば、向こうのほうが勝手に「親日政権」を立てるよ。

加藤・綾織　うーん。

小渕恵三　そうしないと、もたなくなるから。「親日政権」を立てなかったら革命が起きる。どっちかだ。だから、心配は何もない。

「習近平《しゅうきんぺい》政権の崩壊《ほうかい》は来年以降に始まる」

綾織　「指導者が替わる」ということをおっしゃっているのですか。

小渕恵三　いやあ、そら、もつわけないですよ。今のままでは絶対にもたない。

綾織　おお。

小渕恵三　もうね、すぐアメリカに負けますよ、近年中に。来年以降に崩壊《ほうかい》が始まると思う。

綾織　来年ですか。早いですね。

小渕恵三　うーん、早いと思います。来年以降に崩壊が始まって、二〇二〇年を越《こ》えられたらいいほうだね。

綾織　そうですか。

小渕恵三　越えられないかもしれないね。うーん。

中国に対して情報戦を仕掛《しか》け始めたアメリカ

綾織　確かに、「アメリカが、若干《じゃっかん》、仕掛《しか》け始めたな」と感じるのが……。

小渕恵三　うん、やってるやってる。

綾織　「パナマ文書」というものが出てきたことで、習近平《しゅうきんぺい》ファミリーが、ものすごい蓄財《ちくざい》をしているということが明らかになり、それが、中国国民にとっても政権攻撃《こうげき》の材料になっていると思います（注。課税逃《のが》れなどの温床《おんしょう》とされるタックス・ヘイヴン〔租税回避地《そぜいかいひち》〕の利用者などを明らかにした、いわゆる「パナマ文書」が流出したことにより、習近平国家主席の親族がタックス・ヘイヴンにある会社の株主に名を連《つら》ねていたことが判明した）。

小渕恵三　だから、何て言うの？　熱い戦いの前にね、まず、そういう情報戦による戦いが始まるからね。今、本気で、「これは敵になるものだ」と思って計画を立て始めているわね。

　アメリカっていうところは、強いものに対しては徹底《てってい》的に強くなってくるからね。

各国首脳の近親者等がタックス・ヘイヴンを利用している実態が記された「パナマ文書」の内容を報道する「南ドイツ新聞」紙。

だから、強がって見せたのが裏目に出た。
私のことを言っちゃ、あれだけど、小渕恵三みたいなのを国家主席に戴《いただ》いときゃあ中国は安泰《あんたい》なんだ、ほんとはな。

加藤　うーん。

小渕恵三　こういうのを置いといたら、「これは大丈夫だ」と思って、なめてかかるから大丈夫だけど、強そうに見せると、本気になってくるからね。
うーん、本気になったらね、勝てないよ、やっぱり。今の中国では勝てないわ。

小渕元総理の考える「習近平《しゅうきんぺい》政権崩壊《ほうかい》後の中国」

綾織　来年、中国の指導者が代わるとか、何らかのかたちで政権が崩壊《ほうかい》するとなると、これはこれで、世界的な影響《えいきょう》が非常に大きくなります。

小渕恵三　いや、でも、いいほうに転んだら違うかもしれないよ。もし、親日政権ができて、そして、G7《ジーセブン》か？　そちらのほうにも十分に擦《す》り寄れるような感じになって、習近平《しゅうきんぺい》さんの敷いた路線を引っ繰《く》り返して……。例えば、自分らで独自に銀行をつくって、何かやろうとしてるんでしょう？

綾織　はい。AIIB《エイアイアイビー》（アジアインフラ投資銀行）ですね。

小渕恵三　ヨーロッパのほうまでいっぱい参加させて、こんなのが全部潰《つぶ》れていって、太平洋の覇権《はけん》を取る戦略か？　その軍事戦略がみんな次々と失敗していったら、それは、やっぱり、民衆も黙《だま》ってなくて、為政者《いせいしゃ》は、革命が起きないでいるんだったら、西洋型のを採らざるをえなく

2016年1月、AIIBの開業式典で挨拶をする習近平・中国国家主席（写真中央）。

なるわな。

だから、君らの脅威としては、戦わずして勝てる可能性もあるんじゃないかね。

綾織　ああ……。

小渕恵三　安倍さんが、ドローンで爆弾《ばくだん》の宅配便の研究をしてるうちに、全部終わってしまうかもしらんなあ、戦いは。

加藤　中国共産党政府の統治に、さまざまな矛盾《むじゅん》、限界が来ているのはそのとおりだと思うのですけれども、やはり、そうあっさりと親日的な政権に替わるとも思えないのですが。

小渕恵三　うーん、いや、そのときには、君たちの幸福実現党もなくなるからね。

加藤　うーん（苦笑）。

小渕恵三　確かに要《い》らなくなるからさ。君たちも宗教に専業できて、お金がもっと貯《た》まって、教団が発展するんだよ。

加藤　いやいや……。

小渕恵三　いや、それはいいことばっかりだ。

加藤　うーん、しかし……。

7　安倍《あべ》総理の「怖《こわ》さ」を語る

『米軍基地移設問題』で世界を沖縄《おきなわ》に注目させた」

加藤　あと小渕元総理といいますと、沖縄《おきなわ》サミットの会場選定をされました。

小渕恵三　あった、あった。

加藤　それから、先ほど、二千円札の話もございましたけれども……。

2000年7月に開かれた九州・沖縄サミットを待たず、小渕氏は逝去した（写真：サミットの開催会場となった沖縄の万国津梁館《ばんこくしんりょうかん》）。

小渕恵三　あったあったあった。サミットはよかったな。

加藤　今、中国が沖縄自体を「固有の領土である」と主張しており、尖閣《せんかく》諸島などは、本当にいつ取られてもおかしくないという危ない状況《じょうきょう》になってきております。このあたりについては、小渕元総理は、安倍《あべ》さんがどうするつもりだとお考えでしょうか。

小渕恵三　安倍さんは天才だから、何を考えてるか、なかなか分からんけども、凡人《ぼんじん》小渕が想像するにだな、やっぱり、「辺野古《へのこ》問題」で世界を注目させてね？　あれは、注目させてると思うんだよな。世界の主要な人を。

沖縄なんて、みんな、視野に入ってなかったから、あれだけクローズアップしたっていうのは、「アメリカはこんなに基地を置いて、戦後ずっと日本を支配していたんですよ」ということをPRした。それで、辺野古基地問題をいっぱい起こされると、ロシアが日本に忍《しの》び寄ってくるチャンスが与《あた》えられる。

ロシアのほうでは、今、プーチンさんが北方四島を返す案を練《ね》ってるから。北方四島を返すときに、どういう条件で日本と和解していくと未来が開けるかを考えているから、（日本が）アメリカと揉《も》めてくれるということは、ロシアにとってはいいことなんで。ロシアは今、日本とつながることで、G7《ジーセブン》のほうにもう一回つながろうとしてるからさ。

そういう意味で、沖縄に注目を集めているけど、安倍さんもまだ余裕《よゆう》がある。余裕があってやってる。

伊勢志摩《いせしま》サミットで安倍《あべ》総理が狙《ねら》っていることとは

小渕恵三　それから、次は、サミットか何かを伊勢志摩《いせしま》でやるんでしょう。伊勢神《じん》宮《ぐう》にお参りさせるっていうんでしょう？　あれは、鳥居《とりい》をくぐって参拝《さんぱい》したら、みんな信者になるっていうのを知らないんだよ。各国首脳はみんな知らない。あそこを通って参拝したら、もう最後なんだよ。これで、みんな、日本神道《しんとう》の氏子《うじこ》さんだからね。

　そのあと、大統領とか、一部を広島に連れていこうと狙《ねら》ってんだろ？　これは、なかなかだ。凡人ではとてもできんね。この技はすごい。すでに外相のほうは広島に行ったりしたんでしょう？（注。G7外相は四月十一日、揃《そろ》って平和記念公園内の原爆《げんばく》資料館を視察し、慰霊碑《いれいひ》に献花《けんか》した）

綾織　ええ。行かれました。

広島市の平和記念公園で献花するケリー米国務長官（写真中央）と岸田文雄《きしだふみお》外相（右）。

小渕恵三　次に、オバマさんが深々と九十度ぐらいの最敬礼をして、「原爆を落としてごめんなさい」と言わせたら、すごいことが起きるよ。大変なことになっちゃうよ、そらあ。アメリカ（世論《せろん》）は沸騰《ふっとう》するけどね。

綾織　アメリカは大変ですよね。

小渕恵三　だけど、「核《かく》兵器をなくす世界」にしたかったら、アメリカが謝らないといかんわなあ。そしたら今度は、中国のほうに、軍事拡張する大義名分がなくなるしさ。

ロシアも核兵器が余っとるから、何とかして、これを始末したいところだからさ。そのへんで、何か歩み寄りをつくりたいところだろうな。

加藤　うーん。

●次に、オバマさんが……　2016年5月末に開催される主要国首脳会議（伊勢志摩サミット）での訪日に合わせて、オバマ大統領の広島訪問が公式に検討されていることが明らかになった。

小渕恵三　うーん。面白《おもしろ》いんじゃないかな。これをどういうふうにかき混ぜていくかね。

政治の醍醐味《だいごみ》は「やり方によって未来が変わるところ」

小渕恵三　政治もな、「創造的なところがある」んだよ。本当は……。

綾織　うーん、なるほど。

小渕恵三　ラーメンだって、具の入れ方によっては、ちょっと味が違《ちが》って、味噌《みそ》ラーメン、塩ラーメン、醬油《しょうゆ》ラーメンとあるけどさ。政治のやり方によって未来は変わるんで。

綾織　ほう。

小渕恵三　だから、実に面白いんだよ、君ね。

綾織　はい。

小渕恵三　何千万人も人が死ぬこともあれば、一人も死なないで、みんなが得するようにもなる。これが政治の醍醐味《だいごみ》だよな。

綾織　なるほど。

「辺野古訴訟《へのこそしょう》の和解案受け入れ」も安倍《あべ》総理の計算のうちなのか

森國　例えば、今年に入って、沖縄の（米軍普天間《ふてんま》飛行場の）辺野古《へのこ》移設の工事を中止したりもしていたのですけれども、安倍《あべ》首相としては、そういった目論見《もくろみ》で、あえて和解案を受け入れた感じなのでしょうか（注。米軍普天間飛行場の県内移設先・辺野古埋《う》め立ての承認の取り消しをめぐり、国が翁長雄志《おながたけし》・沖縄県知事を訴《うった》えた代執行訴訟《だいしっこうそしょう》で、二〇一六年三月四日に、国、県双方《そうほう》が福岡《ふくおか》高裁那覇《なは》支部が示した和解案を受け入れ、辺野古での移設工事を一時中止した）。

小渕恵三　いやあ、やっぱり、あれが、安倍さんの天才たるゆえんだと、私は思うね。安倍さんの本来の気性《きしょう》からいったら、工事中断なんかできるわけがないんで、もう強行してやるはずなんですよね。

ところが、北朝鮮《きたちょうせん》がミサイルを撃《う》ってるからさ、ここで中断するというのには、非常にデモンストレーション効果があるわな。北朝鮮がミサイルをボンボン撃って、国が危機にさらされているときに工事を中断して、「日本の安全保障はどうなるか分かりませんよ」というように国民を危険にさらして、マスコミを操縦しようとしているんだと思うんだ。

マスコミに、「これでいいんですか。〝丸裸《まるはだか》〟になりますよ、いいですか。憲法九条の改正はできないし、戦争もできない状態でアメリカが退《ひ》いていってもいいんですか。沖縄と共に心中《しんじゅう》するんですか」ってやって、わざと一定の期間を置いて、国民全体の民意をなびかせるように、上手に操作してる。あの人は天才だ。どう考えても天才だわ。

繰《く》り返し「安倍《あべ》さんは天才」と評する小渕元総理

加藤　先ほどから、もう十回以上、安倍《あべ》首相に対して、「天才」という言葉を使っていますが。
小渕恵三　そうなんですよ。天才。

加藤　やはり、同じ総理経験者として、「天才だ」としみじみ感じていらっしゃるのですか。

小渕恵三　マジ、天才ですよ。

加藤　ああ、そうですか。具体的にはどんなところが。

小渕恵三　もう、マジ、天才。だからね、誰《だれ》も頭がいいと思ってないから、余計怖いんですよ。頭がいいと分かっていれば、みんな警戒《けいかい》するでしょう。だけど、（頭がいいと思っていないと）私みたいに、フワッと乗ってほかの人が何かやってるんじゃないかと思うでしょう。ところが、安倍さんがやってるんですよ、本当は。だから怖いんですよ、この人。

綾織　うーん。

小渕恵三　怖いです。私の場合は、そんなに「裏はない」ですよ。もう、「表しかない」ですけど、彼は「表も裏も両方ある」から。それは怖いですよお。これは怖い。

綾織　何となく、「安倍さん応援霊言《おうえんれいげん》」になってしまいそうなんですけれども……。

小渕恵三　ああ、それはいけないね。君たちも死滅《しめつ》してはいけないんだ。

綾織・森國　（笑）

小渕恵三　何とか生きる道を探そう。

安倍《あべ》総理の気になるところは「病気」

綾織　何か、安倍《あべ》さんに対して気になるところはありますか?

小渕恵三　気になるところか?

綾織　はい。

小渕恵三　やっぱり、それは病気だな。

綾織　ああ。

小渕恵三　それは、病気が悪化しないようにしてやらないといかんなと思う。

綾織　はい。

小渕恵三　やっぱり、ストレスが重いとね。

綾織　政治家としては、それがいちばん……。

小渕恵三　ええ。またもう一回、厳しいこと、急に投げ出すようなことがあってはいかんわな。

綾織　うーん。

小渕恵三　私だって病気で死んでるから。いや、総理っていうのは、だいたいね、寿命《じゅみょう》は六十歳《さい》ぐらいまでしか、ほんとはないんだよ。

綾織　ああ。

小渕恵三　ほんとはね。六十歳以上まで生きたら、もう奇跡《きせき》なんだよ。あとは、一年、一年が奇跡でね、もうほんとに神様、仏様に感謝しないといけないんだ。「六十歳から一年生きました。二年生きました。小渕さんはそれで逝《い》ってしまいました。安倍さんはもつでしょうか」っていうような、そんなところですから。もう彼は、私の〝定年〟に近づいているんじゃないか？　もうそろそろ。ねえ？

（注。小渕元総理は六十二歳で病死した）

8　小渕流「凡才《ぼんさい》が総理大臣になる方法」

「首相のプレッシャー」とはどれほどのものなのか

綾織　個人的なお話もお伺《うかが》いしたいのですけれども、首相としてのストレスというか、プレッシャーというのは、どういうものなのでしょうか。

小渕恵三　それは大変なものですよ。それはもう大変で。首相のプレッシャーってのはすごいですよ。だからね、脳みそを蒸発させといたほうが安全だって思うぐらい。ほんとね、脳みそなんかあったら、もう夜は寝《ね》られないですよ。

綾織　うーん。

小渕恵三　だから、「いかに神経を切るか。脳みそを切るか」みたいな問題ですね。あるいは誰《だれ》かのせいにする。やっぱり、〝振《ふ》る〟しかないですね。だから、私と一緒《いっしょ》でね？　自分より賢《かしこ》い人を周りに侍《はべ》らせて、彼らに仕事をさせ、機嫌《きげん》よく仕事をしてもらって、何となく（上に）乗っていると。〝帽子《ぼうし》〟みたいなもんだな。それが総理の仕事で、あんまり本気で自分で考えてやりすぎたら、やっぱりストレスはすごいから、耐《た》えられないね。とても耐えられない。

支持率を徐々《じょじょ》に上げていった小渕政権

綾織　ご自身もある程度気にされていたことかと思うのですけれども、小渕政権は、支持率が十パーセント台とか二十パーセントぐらいから始まり、「明日《あす》にも終わるのではないか」というようなスタートだったものの、その後、ジワジワと上げていって、何とか一年半以上もちました。

小渕恵三　若い人たちはみんな、そういうことは知らないからね、君。あんまり言わないほうがいいよ。

綾織　（笑）やはり、支持率をジワジワと上げていく手腕《しゅわん》というのはなかなかのものだなと思いました。

小渕恵三　いや、まず、期待をゼロにしてしまって、それから、ちょっとでも何かをやったら、その期待値が少しずつ上がっていくように考えるのも、一つだよ。

綾織　なるほど。

小渕恵三　私は、中曽根《なかそね》（康弘《やすひろ》）さんとか福田《ふくだ》（赳夫《たけお》）さんみたいな、そんなねえ、最初からキラキラした方々とはだいぶ違《ちが》うからね。

だから、私みたいな人が政権をもらうというのは、それはもう〝棚《たな》ぼた〟ですよ、はっきり言ってね。

綾織　うーん。

小渕恵三　もちろん、二世議員ではありますし、あれですけど、棚ぼたなので。親が死んでくれたおかげで、「二十六歳《さい》で史上最年少当選」なんて……。死んでくれてなかったら、そんな総理なんか、あるわけないですよ。親父《おやじ》が生きてたらね。

そうだねえ、やっぱり、「親が死んでくれる」ということのありがたさを、本当につくづく感じますね。

そういうことで、「私も早く死のう」と思ったりもしたんですけどね。

森國　（笑）

綾織　なるほど。

小渕恵三　だから、みんなね、長生きするように、老後の社会福祉《ふくし》をそんなに厚くして、長生きしちゃいけないですよ。やっぱり、早く死ぬことで子孫《しそん》が繁栄《はんえい》するから、みんな急いで死にましょう。六十過ぎたら、燃え尽《つ》きましょう。

加藤　（笑）

小渕元総理の連続当選の秘訣《ひけつ》は「庶民性《しょみんせい》」？

加藤　当時の衆議院選挙は中選挙区ですけれども、群馬三区は福田赳夫さん、中曽根康弘さん、そして、確か、社会党のベテラン山口鶴男《やまぐちつるお》さんもおられたと思います。

そうした強豪《きょうごう》がひしめくなかで、連続当選してこられたというのは、ご謙遜《けんそん》なさっていますが、やはり、そうとういろいろな才能をお持ちだったのではないでしょうか。

小渕恵三　いいや、大変ですよ。

加藤　何か、そのへんの秘訣《ひけつ》を教えていただけないかと思いまして。

小渕恵三　いや、そらあ、君たちみたいに「頭がよくないところ」が、秘訣なんですよ。

加藤　いやあ……（笑）。

小渕恵三　君たちみたいに頭がいいとさ、自分たちの正しい主張を聞かないマスコミとか、国民とかに腹が立ってくるでしょう。腹が立って、叱《しか》り飛ばしたくなるでしょう？

加藤　いや……。

小渕恵三　私は、そんなプライドはないからね。もう「ただただ這《は》いつくばって、とにかくお願いして回る」と。これしかなかったからね。

だから、みんな優越《ゆうえつ》感を得られたわけよ。総理大臣は日本でいちばん偉《えら》いように言われることもあるけれども、「総理大臣より自分のほうが賢い」と思うことで、みんな何か、心にゆとりと余裕《よゆう》、幸福感が満ち満ちるわけ。

幸福の科学がなくても、何だか、「小渕さんが総理をしているだけで幸福になれる」っていうかなあ。そういうところがあるわけよ。

だから、代議士でね、地方で勝とうとしたら、そんなに偉く見えないのがいちばんなんですよ。「偉くない。自分らのほうが偉い」と思って、上から目線でね、「まあ、一票入れてやるか。頭をしっかり下げとるから、入れてやるか」と。こういう一票一票の積み重ねなんだよな。

加藤・森國　はい。

小渕恵三　あとは、みんな、そら、「福田先生、中曽根先生」と、もう大天才でいらっしゃるから、とてもじゃないけど、まともにやって勝てる相手じゃありませんからね。

そのなかで、やっぱり、「庶民《しょみん》性だけで勝つ」というのは、もうすごいことですよ。大変なことですよ。

加藤　庶民性だけではないでしょう。

小渕恵三　ええ？　そんなことはない。庶民性ですよ。

加藤　そうですか。

「選挙に勝とうと思ったら、入試に落ちまくらないと駄目《だめ》」

加藤　それから、小渕総理は、本当に気さくで、先ほど、「ブッチホン」のお話もありましたけれども、まめに、いろいろな方にパッと電話をおかけになっていました。

小渕恵三　いや、それは、もう本心から、「お願いします」、あるいは、「ありがとうございます」という気持ちでやってる。

君たちなんかだったら、「バカだ」と思ったら、きっと相手をしないでしょう。

加藤　いやいや。でも、やはり、そのまめさというか、本当に丁寧《ていねい》に、いろいろな方の声に耳を傾《かたむ》けながら対応していくところなどは、もっと学ばせていただかないといけないないなとつくづく思います。

小渕恵三　いや、やっぱり、選挙に勝とうと思ったら、人間ね、入試にいっぱい落ちまくらないと駄目《だめ》ですね。

何度も何度も落ちてね、自分のバカさ加減をつくづく知った人であったら、もう「その底から、ちょっとでもよくなるしかない」という気持ちになるけど。あんまり賢すぎる人はね、やっぱり、失敗を恐《おそ》れるからさ。まず危険なことをしないし、人に頭を下げるのも嫌《いや》だし、もう「周りが支えてくれて当然」と思う気持ちになるじゃないですか。

だけど、試験なんかで、最初の若いうちに、〝めった打ち〟にやられとったらね、もう「私なんかが国会議員をやって、本当によろしいんでしょうか」みたいな感じになって、謙虚《けんきょ》に……、謙虚じゃないんだけど、謙虚に見える。単に凡才なんだけど、謙虚に見えるしね。

それから、私だって、心がある人間だから、「小渕さんは、首相にはなれても、東京都知事に立候補したら、絶対、落ちる」なんて言われたら、やっぱり、そらあねえ、立候補してみたくなりましたよ！

「そんなことはない！　首相経験者は都知事ができないなんて、そんなことはない」と思ったけど、細川《ほそかわ》（護熙《もりひろ》）さんを見たら、落ちることはあるな。そういうことはあるから、そうかもしれない。なあ？　直接選挙じゃないからね。

「調整型リーダー」を自称《じしょう》する小渕元総理のやり方とは

小渕恵三　だから、私は、どちらかといえば、「調整型のリーダー」なんです。そういうこと。それは、竹下《たけした》（登《のぼる》）先生もそうかもしれないけどね。

調整型のリーダーというのは、賢くなくていいんですよ。「賢い人たちがぶつかってるやつを上手に融和《ゆうわ》させて、総合戦力を高める」という部分が、調整型リーダーのやり方だからね。自分の我《が》が強いと、「ついてこい」としか言わなくなるからね。

だから、石原慎太郎《いしはらしんたろう》先生のような、あんな才能のある方が総理大臣になれずに、私みたいな凡才が総理大臣になる。これは調整型リーダーだからで、ほかの大勢の人を抱《だ》き込《こ》んでいくからなれたんで。

やっぱり、傑出《けっしゅつ》しすぎると、みんながついていけないので、なれないことがあるわけね。それが「日本的な土壌《どじょう》」だからさ。それをよく知って、やられたらいい。

君たちは、傑出した人が集まりすぎているから、なかなか勝てないいんじゃないかなあ。

加藤　「庶民性」ですとか、「気さくさ」とか、そのあたりでしょうか。

小渕恵三　うーん……、やっぱり、それは政治家の息子《むすこ》に生まれるのがいいわなあ。

加藤　確かに、それがいちばん早道ではありますけれどもね（笑）。

小渕恵三　うーん、早い、早い。「政治家の息子に生まれて、満二十五歳になったら、親父に毒を盛る」。これが、いちばん早い出世の方法だな。

加藤　（苦笑）

小渕恵三　戦国時代と同じやり方だ（笑）。

9 「政治家とマスコミ」の微妙《びみょう》な関係とは

娘《むすめ》の「小渕優子《ゆうこ》氏」について思っていること

加藤　しかし、小渕後援会《こうえんかい》は本当に盤石《ばんじゃく》で、お嬢《じょう》さんの小渕優子《ゆうこ》さんも、連続当選で頑張《がんば》っておられますけれども。

小渕恵三　いやあ、あんまり盤石じゃないね。

加藤　とても盤石じゃないですか。

小渕恵三　何か危なそうだね。もう先があるかな。ないかもしらんね。

加藤　少し余談になってしまうかもしれないのですが、優子さんのほうには、今もご支援というか、応援はしていらっしゃるのですか。

小渕恵三　そら、親としては、そうでしょう。

加藤　親としては……。

小渕恵三　私が忘れられたら、あっちも忘れられる恐《おそ》れがあるから。（私には）功績がほとんどないからね。忘れられるのは早いかもしれないので、ちょっと心配。私の本がもし出るんだったら、もう一回、彼女は持ち直すかもしれないね。

綾織　ああ、なるほど。

小渕恵三　「あっ、親父《おやじ》は総理大臣だったんだ。忘れてた！」って、みんなが思うかもしれないからね。

加藤　（笑）

小渕恵三　ちょっと、私がつくった〝集票マシーン〟がね、時代遅《おく》れになって、古くなってきたかもしれないからねえ。

綾織　うーん、そうですねえ。

小渕恵三　新しくしないとねえ。

綾織　はい。マスコミに「叩《たた》いても大したことない」と思わせるのも大切

小渕恵三　あと、マスコミが昔に比べて、ちょっと厳しくなったわね。

綾織　はい。

小渕恵三　やっぱり、もうちょっと厳しくなってね、何か、してくれる……。細《こま》かい金でけっこう言うわなあ。この〝裏技《うらわざ》〟を使うと、必ず引っ剝《ぱ》がしてくるからさ。

加藤　そうですねえ。

綾織　はい。

小渕恵三　週刊誌も食っていくのに精いっぱいなんだろうけどね。だけど、うーん……（舌打ち）、何か小さい額で、最近、けっこう厳しいなあ。

綾織　ああ、そうですね。

小渕恵三　五十万とか百万とか二百万とかあたりで、けっこう、「総理候補」と言われるような人が消えていくのが、何だか少し寂《さみ》しい感じがするけどねえ。

綾織　そのあたりは、小渕元首相の場合、「うまく下手《したて》に出て、マスコミを、ある程度、味方につけていく」というやり方が……。

小渕恵三　だって、君だってさ、例えば、「小渕が五十万もらった」とかいって、記事を書く気は、あほらしゅうて、しないでしょう？

綾織　まあ、そうかもしれないですね。

小渕恵三　ねえ？「こんな人を叩《たた》いてもしょうがない」と思うけども……。ものすごい強権を使いそうだったら、下ネタでも何でもいいから、やりたいだろうけど、つまらんでしょう。叩いてもつまらないでしょう？

綾織　ええ。

小渕恵三　叩いても、木魚《もくぎょ》を叩いてるようなもんで、何か埃《ほこり》が舞《ま》い上がるぐらいしかないからさ。

だから、それも大事なことなんだな。「打たれ強い」っていうか、「打たれるまでもない」っていうか、「打ったところで大したことない」と思わせるのも、大事なことだよな。

君らも、そのへんが、これから大事なところだろうなあ。

小渕元総理は、現在の「マスコミ」をどう見ているか

綾織　今、マスコミが、そういう「お金の問題を叩く」とか、「大臣のクビを切る」とか、「首相をクビにする」とかいう、最高権力のようなものを持ってしまっているわけなのですが、そのようなことは、九〇年代の小渕さんの時代には、それほどなかったと思います。そうした今の状況《じょうきょう》については、どのように見られていますか。

小渕恵三　うーん……、田中角栄《たなかかくえい》さんのころから〝厳しく〟はなってきたよね。角栄さんを攻撃《こうげき》したマスコミのあれも、ほとんど公開された情報でやってましたからね。

昔のマスコミは、けっこう〝大マスコミ〟で、腹が大きかったのよね。だから、何と言うか、知ってても書かないよね。

例えば、「金を使ってるなあ」と思ってても書かないし、「愛人がいる」と思っても書かないで見過ごして、「ちょっと、政治家を育ててやろう」というような気持ちはあったのさ。

「こいつは、ちょっと、まだ将来性がありそうだな」と思ったら、「五百万ぐらい、裏で動いた」とかさ、つかんでても……。まあ、みんなつかんでるんだよ、情報はな。（お金を）使ったり、それから、「足しげく、どこかへ通《かよ》ってるらしいな」というのは分かっててもさ、そのへんは、武士の情けで、書かないんだよな。

それは、「田舎《いなか》の選挙区を母ちゃんが護《まも》ってて、父ちゃんは一人暮らししてたら、それは寂しかろうよ」と思って、みんな黙《だま》って、そのへんを見逃《みのが》してくれてた。もう張り込《こ》めば、すぐ分かることだからな。

そういうふうに見逃してくれてたのが、だんだんに、マスコミのほうも食べていくのが大変になってきたからさあ。細かいことでも突《つつ》いて、スクープで……。「スクープ」なんていうのは、ほとんど、みんな本当はつかんでることが多いんだけど、みんな書かないでいた。ところが、それを、もう髪《かみ》を振《ふ》り乱してスクープ扱《あつか》いして、書くところが出てくると、「しかたなく追随《ついずい》する」っていうようなかたちになってるわな。

そういう意味で、マスコミのほうも、将来、食べていけるかどうかが、今、不安になってるんじゃないかな。

綾織　「マスコミが苦しくなって、政治家を叩いて、何とか食べていこうとしている」と、今、そういう状況ですか。

小渕恵三　うん、そう、そう。そうなんじゃないかな。まず週刊誌あたりから、廃《はい》刊《かん》になっていくだろうからさ。新聞も、それは危ないんだろうとは思うけどなあ。

「安倍《あべ》政権のマスコミに対するしたたかさは、すごい」

小渕恵三　でも、安倍《あべ》政権っていうのは不思議だよね。あそこは、新聞やテレビに対して、すっごい強気でやれるじゃないですか。あれは、歴代の自民党内閣から見ても、いや、そうとうなもんだと思うなあ。

例えば、テレビ朝日とか、あんなところの、あのー……、でしょう?

綾織　結局、キャスターが辞《や》めていっています（苦笑）。

小渕恵三　ねえ? 〝ロビン・フッド〟を撃《う》ち落とすんでしょう? （弓を引いて矢を射《い》るしぐさをしながら）パシーッて殺《や》るやつで、あちらのほうを殺っちゃうんでしょう? すごいですよねえ。いや、考えられん。

いや、あれで見たら、岸信介《きしのぶすけ》（元総理）なんかでも、〝マスコミ退治〟まできなかったしね。書かれ放題、やられたし。佐藤《さとう》（栄作《えいさく》元総理）は「新聞は相手にしない。テレビで生《なま》だったら受ける」とかね、言ってたし。けっこう、マスコミに手を焼いてたけど。

あの安倍晋三《しんぞう》のしたたかさは……、「あれで支持率が十パー台にならない」っていうのは信じられないですね。

10　安倍《あべ》総理の「長期政権への戦略」とは

日韓《にっかん》合意やバラマキ政策には「大きい志《こころざし》」がある？

綾織　先ほどは、「戦争経済」というお話もありましたけれども、「安倍《あべ》首相がこのまま続いていくとしたら、何をやってくる」というようにご覧になりますか？

小渕恵三　でも、やっぱり偉《えら》くなったんだろうね。いったん野《や》に下《くだ》ってから、もう一回、返り咲《ざ》いただけあって、我慢《がまん》強くなったわな。

だから、あなたがたも攻撃《こうげき》してる、〝従軍慰安婦《じゅうぐんいあんふ》のあれ〟な。

綾織　はい。日韓《にっかん》合意とか……。

小渕恵三　去年（二〇一五年）の日韓合意とか、本心で、あれがしたいとは私も思わんよ。

たぶん、彼はね、したくはないだろうけど、そのへんの十億円ぐらい譲《ゆず》ってでも、何か日韓関係をよくしたように見せないと、やっぱり、「財界からの攻《せ》め」や「左翼《さよく》からの攻撃」を乗り越《こ》せないし、「支持率が維持《いじ》できない」と思うと、あえて膝《ひざ》を屈《くっ》して、やるでしょう?

だから、「韓信《かんしん》の股《また》くぐり」を、彼はやり始めたからさ。

綾織　ああ……、なるほど。

2015年12月に行われた日韓外相会談では従軍慰安婦問題に対する玉虫色の決着を図った日韓合意がなされ、各所から強い批判が噴出している。

小渕恵三　それは、もっと「大きい志《こころざし》」を持ってるんじゃないかな。大きい志があるから、やってるんじゃない？　あれは。

綾織　経済政策を見ても、ある意味で、民主党（現・民進党）的なバラマキ政策をやっていますし……。

小渕恵三　うん。だから、民主党の仕事を取り上げようとしてる。あれは、民主党から仕事を取り上げようとしてるんですよね。

綾織　はい。そうですね。

小渕元総理が考える、安倍《あべ》政権の「憲法改正」への道筋《みちすじ》

加藤　今の自民党・安倍《あべ》政権は、やはり、「憲法の改正」を視野に入れているので

しょうか。

小渕恵三　いやあ、それは、やったら歴史に名前が遺《のこ》るからね。戦後初だからさ。今は「解釈《かいしゃく》改憲」みたいなのでやろうとしてるけど、長く政権が続けば……。佐《さ》藤《とう》政権を超《こ》える長期政権を、今、目指してるんだろうから、そのぐらいやると麻《ま》痺《ひ》してくるからさ。反対してても、二、三年ぐらい反対してたら、だいたい、反対のタネは尽《つ》きてくるんだよな。

綾織　ああ……。

小渕恵三　だから、みんなが〝干《ひ》上《あ》がってくる〟のを待ってるんだ、あれは。そのへんはすごいよ。〝横綱《よこづな》〟だよ、やっぱり。すごい〝水入りの大相撲《おおずもう》〟を耐《た》え抜《ぬ》く力があるんでね。

加藤　うーん。

綾織　おお……。

小渕恵三　もう左翼の活動家やマスコミがギャアギャア言っても、だいたい三年はもたないよ、なかなかねえ。

綾織　うーん。

小渕恵三　だから、知ってるんだよ。力が尽きてくるのを待ってるんだよな。

綾織　となると、例えば、「同一労働・同一賃金」など、左側の勢力の政策を、どんどんどんどん、やっていって、政権をもたせて……。

小渕恵三　そうだよ。ズバリ、そうだよ。だから、民主党は要《い》らないようにして、それで、敵を共産党だけに絞《しぼ》ろうとしてるんだろう?

綾織　うーん。

小渕恵三　それはねえ、賢《かしこ》いよ、やっぱり。

綾織　それで、「憲法九条改正」まで、何とか最後には持っていく……。

小渕恵三　そう、そう、そう、そう。改正しないなら、しないなりに、「別の道」で、ちゃんとやるつもりでいるから、それは。

綾織　あっ、「別の道」……。

小渕恵三　うん、うん。「解釈」でもできれば、「行政行為《こうい》」でもやってしまえますからね。

（総理は）自衛隊の最高指揮官ですからね。

幸福実現党も「自衛隊成立」時のような論法を発明するべき？

森國　改めて、憲法改正についてお伺《うかが》いします。

小渕首相は、例えば、憲法調査会を議会につくり、憲法の制定過程等を含《ふく》めて、根本《こんぽん》から憲法を見直した上で、改正の道筋《みちすじ》をつくろうとされていたのではないかと思います。

一方、今、安倍首相は、どちらかというと、「〝お試《ため》し改憲〟を経《へ》て、本丸《ほんまる》の九条の改正につなげていく」というようなやり方をされていて、このやり方は、少し不誠実なのではないかと思うのですけれども、どのように思われますか。

小渕恵三　うーん……、でも、「自衛隊の成立」自体がそんな感じだからね。憲法に手をつけないで、軍隊をつくっちゃったんでしょう? あれは、すごいよな。吉田茂《よしだしげる》っていう人があまりの〝狸《たぬき》おやじ〟なので、ちょっと分からないですけどね。普通《ふつう》は改憲するでしょう、自衛隊をつくるときにね。それを、「軍隊ではない」と言い張ってやる。

まるで、何か明治時代に、「国家神道《しんとう》は宗教ではない」と言い張ったような論法だよな。そんなのが日本はまかり通るから、そういう論法を発明すれば、できることは、ほかにもあるんだよ。

だから、そうだねえ、君たちも、ちょっと何か、そういうのを発明したらいいのかもしれないね。

11　幸福実現党への〝アドバイス〟

「幸福実現党は〝地上軍〟を持っているマスコミ」!?

綾織　先ほど、「政治の創造性」というお話もありました。その意味では、やはり、幸福実現党もよい政党なのですけれども、ぜひ……。

小渕恵三　「幸福実現党は政党じゃありません。幸福実現党はマスコミです」とか言うのはどうだ?

綾織　(苦笑)まあ、今は、マスコミ的な役割をかなり果たしている政党ではあると思いますけれども。

小渕恵三　「〝地上軍〟を持ってるマスコミです」。うん。

綾織　あっ、「〝地上軍〟を持っている」。それは、なかなかないですね。

小渕恵三　そうなんです。

加藤　では、「マスコミ的機能も極《きわ》めて強い政党」ということで……。

小渕恵三　うん。「幸福実現党は、デモを指揮するマスコミです」。

森國　いえいえ（苦笑）。

小渕恵三　「チラシも、ときどき撒《ま》きます」。

加藤　うーん……。

幸福実現党は、もう少し〝先輩《せんぱい》政党〟を持ち上げるべき？

綾織　小渕元首相は、「経世会《けいせいかい》（平成研究会）」で、「竹下《たけした》・小渕派」ということで、ずっとやられてきて、そうした選挙に強い派閥《はばつ》を率《ひき》いてこられたわけですけれども、その観点から、幸福実現党に何かアドバイスを……。

小渕恵三　やっぱり、君らはね、能力が高すぎるわけよ。自民党だってね、君らの主張はよく分かっててさ、「君らの考えを取り入れて、やりたい」と思うけど、あまり君らが賢《かしこ》すぎるから、ちょっと反発してるところもあるわけよな。

綾織　あっ、はい。

小渕恵三　だから、もうちょっと、〝先輩《せんぱい》政党〟というか、先を走ってる政党を持ち上げてくれればさあ、「それだったら、少しぐらいは、選挙で何か協力したろうか。（国会議員が）五人ぐらいいたら、政党ができるじゃないか。そのくらいはサービスしてやってもいいかな」と思う気持ちを持っとる人もいるんだけど。

あまり、なんかさ、〝突《つ》っ張って〟こられるとさ、ついつい本性《ほんしょう》が出てしまって、〝はたき込《こ》み〟をやっちゃうんだよなあ。

綾織　なるほど。では、先ほど言われたような〝安倍《あべ》さんの天才性〟を、少しほめながらやっていく感じでしょ

1992年10月、竹下派の新会長になった小渕氏（右）は三塚派の三塚博《みつづかひろし》会長に挨拶に伺った。

うか。

小渕恵三　いや、それはね、〝下村《しもむら》前文科大臣の天才性〟も持ち上げといたほうが、大学（幸福の科学大学の認可）がスッと通った可能性があるのに、自分らが賢いことを言いすぎたから、ちょっといけなかったんだなあ。

綾織　まあ、（下村さんは）いまだに元気にやっていますから、本当に〝天才〟だと思います（笑）。

小渕恵三　いや、〝天才〟なんですよ。「あの人は天才だ」と、一生懸命《いっしょうけんめい》、持ち上げといたら、それで通ったのに、「自分らのほうが賢いから、黙《だま》って言うことをきけ」みたいに、あまり言うから、もうむきになって、あれしてるんじゃないの。ねえ？

「自民党を手玉《てだま》に取るには、お世辞《せじ》を言えばよい」

加藤　もちろん、ご指摘《してき》のところは、そのとおり、しっかり受け止めさせていただきつつも、やはり、今の「わが国の置かれた状況《じょうきょう》」というのは本当に危機的な状況かと思います。

また、こういった場であまり批判するのもあれなんですけれども、自民党政治には、いろいろな意味で完全に限界が来ていると思います。

私たちは、「何とか新しい政治をつくっていかなければいけない」と、やむにやまれぬ思いで訴《うった》えているのです。

ただ、ご指摘いただいたところは、しっかり受け止めさせていただきます。やはり、私たちも訴え方には、もう一段の工夫《くふう》が要《い》るとは思っています。

小渕恵三　（質問者の加藤に）いや、君なんかはさあ、今の馳《はせ》（浩《ひろし》）文科大臣とか、プロレスラー上がりの、あんなのが文科大臣をやってて、もう腹を抱《かか》えてケラケラ笑ってるんじゃないの？

加藤　いえ、そんなことは思っていませんよ（苦笑）。決して、そんなことは……。

小渕恵三　ええ？　思ってるんじゃないか？

加藤　やはり、あの方はあの方でご苦労されて、しっかりと議席を取ってこられたことを存じ上げていますし……。

小渕恵三　そう？　君らだって、かつて応援《おうえん》したことはあるんだろうからさ。もうちょっと、自民党なんかを、上手に手玉《てだま》に取るぐらいの力が必要だなあ。
　自民党なんかは、ほかの宗教団体を手玉に取って、集票力と集金力に変えてるところがあるけど、君らは、「そういうので手玉に取られない」というような姿勢を示してる。

だけど、逆に、それならそれで、自民党をもうちょっと手玉に取って、動かす力があってもいいんじゃないかなあ。それは簡単なんだよ。

加藤　そうですか。

小渕恵三　「お世辞《せじ》」を言えばさ、すぐその気になるんだよ。

加藤　お世辞ねえ……。

小渕恵三　だから、もう「猿回し《さるまわ》」みたいなもんなんだよ。いや、「先生、先生」って言って持ち上げたら、もう本当はすぐなんだよ。〝踊《おど》り出す〟から。簡単なんだよ。

小渕元総理の考える「幸福実現党の必要性」

加藤　ちなみに、ちょうど小渕内閣のときに、連立政権で「自公連立」が本格的にスタートしたと思うんですね。

小渕恵三　うん、うん、うん、うん。

加藤　あれ以来、公明党さんと、もう十数年続いていますけれども、十数年間の自公連立政権を、どのように総括《そうかつ》されるというか、ご覧になりますか。

小渕恵三　いやあ、公明党さんには気の毒だけど、何だか、だんだん、蚕《かいこ》が中身だけ吸われていくような感じでなあ。なんか、なかがどんどん吸われて……、創価学《そうかがっ》会《かい》がドラキュラに血を吸われてるような感じになってるような気はするなあ。創価学会自体が、自民党に〝血を吸われてる〟んじゃないの？

今、何だか、「そんなはずではなかった結果」になってきたような気はするけどなあ。政党のほうが、宗教の主張と正反対になってるんでしょう？　これは、かなりきついよ。

だから、ここも、政教分離《ぶんり》をかけられてあれしたら、次、「政党」としてもつか、「宗教」としてもつか。両方とも危険なところまで来てるような気はするなあ。もう、そう長くはないかもしれない。

そういう意味では、創価学会、いやいや、公明党に代わる勢力としての幸福実現党か？　やっぱり、そういう自民党ではない、保守の意見も出す「パイオニア政党」としての幸福実現党が必要なんであって、「ぜひ連立しましょう」というような感じで、ソフトに言ってもいいのかなとは思うんだけどね。

綾織　なるほど。

小渕恵三　いくら何でも、何百人も当選者を出すのは、まだ無理でしょう？　ちょっと経験しないと。

隠《かく》れキリシタンのようになっている幸福の科学の自民党議員

綾織　先ほど、「（自民党を）ほめることによって道を拓《ひら》いていく」というお話がありましたが、政策的に、幸福実現党が自民党と差別化しながら、ある意味、「ビルの谷間のラーメン屋」じゃないですけども（笑）、じわじわと勝ち上がっていくためには、何を訴えていくのがよいとお考えでしょうか。もし、アドバイスを頂ければありがたいと思います。

小渕恵三　仕事はしてると思うんだよな。

だから、安倍さんが直接攻撃《こうげき》できない部分を、君らが言論で、野党の側に弾《たま》を撃《う》ち込んでるところはあると思うし、マスコミにも撃ち込んでるから、それはよく分かってはいるんだろうと思うけど。

選挙区で競争するのは、嫌《いや》は嫌だろうからさあ。

うーん、一部、自民党所属の議員が、幸福の科学の信者であって、いられるように、もうちょっと〝弾力条項《だんりょくじょうこう》〟を加えないと、まずいんじゃないかね。

党議拘束《こうそく》みたいなのもあるから、なかなかそれは思うようにいかないところがあるとは思うけど。

なんか、隠《かく》れキリシタンみたいに、幸福の科学の信者であることを隠しながら活動してる（自民党の）議員もけっこういるからさあ。政治のことに関しては、まったく知らん顔を、たぶんしてると思うんだよな。

その部分が、本来もうちょっと協力者になってくれる人たちが、今、使えなくなってて、自前《じまえ》の議員が出せないでいる部分？「政治的な活動をしてるわりには、実際にやってのける力が足りないんでないか」と思って、あれしてるところはあるよなあ。

うーん、幸福実現党で担《かつ》ぐだけでなくて、唾付《つばつ》けして、自民党議員とかも「推《すい》薦《せん》」みたいな感じで、もうちょっと出してやれば、機嫌《きげん》がよくなるところはあると は思うんだけどなあ。

綾織　それなりに水面下ではあるのですけれども、なかなか表立ってというところは、自民党の議員の方もできてはいないです。

小渕恵三　うーん……。なんか政治権力としては、昔、潜《もぐ》ってて、自民党の支援団体をしてたときのほうが大きいんじゃないかなあ。

だから、幸福実現党を通しては、ストレートのほうの政治権力をいじれないわね。

だけど、もとの〝支持団体〟の幸福の科学のほうだったら、意見を言えば、おたくの信者議員たちは大臣になったり、党の要職に就《つ》けたりすることはあったわな。〝両にらみ〟で見てるとは思うよ。弾圧まではしないまでも、「もうちょっと自民党の支援団体みたいに動いてくれないかなあ」って。

議論としては、安倍さんがはっきり言えないようなところを、ガンガン前を耕《たがや》してくれるのはええんだけどなあ。でも、それで、選挙で〝攻撃だけ〟になるんだったら、「けっこうきついなあ」みたいな、そんな感じかな。

12 「安倍《あべ》政権の先にあるもの」とは

「長州《ちょうしゅう》の遺伝子」で、大きなことを考えている?

加藤 安倍《あべ》さんがはっきり言えないこと、いや安倍さんは関係なしに、この国にとって必要なことは訴《うった》えていかなければいけないと思っています。

特に、先ほどおっしゃられたように、自民党安倍政権が政策的に、より左に、民進党の立ち位置あたりを、今、取りにきている面もあります。

(自民党が)ややリベラル化していますので、幸福実現党は、安い税金に小さな政府、それから、自由の価値観を何よりも大切にする哲学などをしっかり訴えていく、健全な未来志向の保守政党として、あり続けたいと思っています。

小渕恵三　いやあ、でも、君らは政権を取ったら、本当にそういうふうにできるかどうかは分かんないよ。

加藤　もちろん、政治には政治の難しさはあるでしょうね。それは判《わか》ります。

小渕恵三　だから、自分らが政権を取ったら、急に増税かけたりし始めるよ（会場笑）。

加藤　いや、さすがにそれは……（苦笑）。

綾織　それはないと思います。

小渕恵三　だって、財政赤字が自分の借金になっちゃうから、次ねえ。それは、急に減らしたくなってくるかもしれませんよ。

加藤　いや、政治には政治の難しさとか、利害調整のあるところとかは百も承知ですし、存じ上げています。

小渕恵三　「安倍政権の先にあるもの」ねえ。安倍さんはね、「尊王攘夷《そんのうじょうい》・大政奉還《たいせいほうかん》」じゃないかと思うなあ。

綾織　ほお。

加藤　尊王攘夷・大政奉還ですか。

小渕恵三　うん、うん。それをやるんじゃないかと思うんだな。

だから、九条だけでなくて、やっぱり、「天皇の〝元首《げんしゅ》〟化」みたいなのを上手に持ち上げながら、やりたいことをやるような感じでくるようような。尊王で、攘夷？「攘夷」というのは、中国とか北朝鮮《きたちょうせん》だな。尊王攘夷の大政奉還。「いや、元首はもちろん天皇陛下《へいか》でございます」と、これは明らかに打ち出して、九条なんかは、あとからついてくるような感じで、一緒《いっしょ》にやっちゃうような感じのな。やりそう。

森國　日本の社会が、本当にそのように進むでしょうか。

小渕恵三　知らん。知らん。知らんけど、遺伝子のなかには、そういうものは入っているような気はするなあ。

綾織　遺伝子ですか。

小渕恵三　〝長州《ちょうしゅう》の遺伝子〟だろう。

綾織　あっ、〝長州の遺伝子〟……（笑）。そちらのほうですか。

小渕恵三　うん、たぶん。そんなことを考えてるような気がするなあ。

安倍《あべ》総理の次のリーダーは誰《だれ》か

加藤　それは、安倍《あべ》さん一代でできるかどうかは、難しいところだと思うのですけれども、「安倍さんの次のリーダー」として、自民党のなかでは、どういった方に注目されていますか。

小渕恵三　だから、さっきの話とは逆に、対中国で強硬策《きょうこう》を取りすぎて、安倍政権が崩壊《ほうかい》するようなことになったら、中国にちょっと親和性のある人が、当然、力学的には上がることになってるから、今の幹事長が上がってくるのが、基本的には、そうだろうと思うけれども。

綾織　谷垣《たにがき》（禎一《さだかず》）さんですか。

小渕恵三　安倍政権のほうが、うまくいってる感じで、彼が病気で倒《たお》れたりとかするようなことであれば、思想的に継承《けいしょう》してくれそうな人を立てようとするだろうなあ。女性では稲田《いなだ》（朋美《ともみ》）さんとか、あのへんだろうし。
ただ、男のほうは、なかなかねえ、言うことをきいてくれないので、そう簡単ではないけどね。やっぱり、独自路線をしたがるからな。
そっくり、安倍さんのコピーみたいに……。要するに、私みたいに無能に見せてるやつが、もし側近にいたら、「狙《ねら》ってるやつは、そいつ」だと思うな。

加藤　なるほど。

「天才・田中角栄《たなかかくえい》」を撃《う》ち落としたマスコミの不可解な行動

綾織　昨今、「田中角栄《たなかかくえい》ブーム」というものが起きておりまして……。

小渕恵三　ああ、聞いてる、聞いてる。

綾織　特定の出版社が仕掛《しか》けているものでもあるとは思うのですけれども、ただ、それなりに世論《よろん》的にも、「田中角栄さんのような人が出てきたらいいなあ」というニーズもあるかと思います。

その点で、小渕元首相は、田中角栄先生をどのようにご覧になっていたのでしょうか。また、これから必要とされる、田中角栄さん的な政治的な手腕《しゅわん》は、どういうものだと思われていますでしょうか。

小渕恵三　いやあ、『天才』（石原慎太郎《いしはらしんたろう》著、幻冬舎《げんとうしゃ》刊）とかいうやつでしょう？　あの人が天才であることくらい、みんな知ってたことだからなあ。何も珍《めずら》しくないのに、石原さん、どうしたんだろねえ。もう、ボケちゃったんかしら（会場笑）。

綾織　（笑）

小渕恵三　うん、天才ですよ。昔から分かってることですよ。私もだし、みんなそう思ってましたよ。とても敵《かな》わんですよ。天才ですよ。

綾織　敵わないわけですね。

小渕恵三　ええ。ほんと、ほんと、敵わん、敵わん。とっても敵わんよ。もう、百倍ぐらい力あるわ。とても敵わん。

綾織　百倍ですか。すごいですね。

小渕恵三　天才ですよ。そんなの、最初から分かってるんで。（石原慎太郎氏は）今ごろ、あんな、もう八十五にもなって……。まあ、五か何か知らんけど（現八十三歳《さい》）、『天才』なんていう本を出して、「ちょっと血迷《ちまよ》うたんかいなあ」と、私なんかは思うたぐらいで。何を今ごろ寝《ね》ぼけたことを言うとるのかなっていう。

それとも、懺悔《ざんげ》でもしたかったんかね？

綾織　ああ、懺悔ですか。

小渕恵三　よく分からんけどね。

だから、自分が天下を取れなかった理由を、いろいろ考えたのかもね。考えた結果、「角栄さんにあって、自分にないもの」でも考えたんかなあ。

うん、（田中角栄は）天才ですよ。あんなん、最初から天才ですから、しょうがないけど。

ただ、天才であるがゆえに、マスコミからの攻撃《こうげき》がきつくてね。マスコミのほうは「自分で撃《う》ち落としておきながら、あとで惜《お》しむ」っていう、何とも実に不可解な行動を取るんでね。

だから、「怖《こわ》いうち、力があるうちは撃ち落とす」んだけど、「力がなくなったあとは惜しむ」みたいな感じのやり方なんだよな。

君らも気をつけないと。そういうふうにならないといいなあ。（君らが）あんまりにも的確に攻撃してくるので、すごいなあと思いつつも、そのときには敵が出てきて、「亡《な》くなったら、あと、惜しまれる」みたいなスタイルにならないといいね。

長く政権を続けたい安倍《あべ》総理の思惑《おもわく》

綾織　田中角栄待望論的なものというのは、ある意味、田中角栄元首相が取られた、新幹線を全国に張り巡《めぐ》らせるとか、高速道路をつくるとか、そういうものへのニーズかもしれません。

やはり、今の安倍《あべ》政権もそうなのですけれども、実は、その部分でお金を使っていないわけです。政府として、逆に緊縮《きんしゅく》財政的な方向に行って、さらに増税をかけるということですので、「効果的な未来への投資をやってほしい」というニーズなのかなと思うのですが、いかがでしょうか。

小渕恵三　いやあ、やっぱり角栄さんの一声《ひとこえ》で、日本列島が丸ごとインフレ状態になったからね。ちょっとそういう安倍さんの「掛け声が足りん」と思うてるんでしょう？

綾織　そうですね。

小渕恵三　「アベノミクスなんか言ってないで、ちゃんと角栄さんみたいにやらんかい」っていうことでしょうかね。

だから、やることが少し時間がかかるっていうか、戦力の逐次《ちくじ》投入みたいに見えて、チョコチョコ、チョコチョコやってるように見えるので、「もうちょっと大胆《だいたん》に打ち出して、期限を決めてやれば、やれるのに」というふうな、そういうところの焦《じ》らし感でしょうね。

あちらのほうは、「長く政権を続けたい」という気持ちがあるから。角栄さんみたいにしたら、二年で終わっちゃうからね。だから、終わらないように長くやろうとしているわけで、「長くやればこそ、実現できるものがある」と思ってるんだ

「田中角栄待望論」に角栄氏本人の霊が応えた『天才の復活　田中角栄の霊言』（HS政経塾刊）。

ろ？　たぶんなあ。

「天才のあとは、凡才《ぼんさい》で何年かつなぐ」という手

加藤　安倍さんと田中角栄さんは、またタイプの違《ちが》った天才というように見ていらっしゃるということですか。

小渕恵三　いやあ、角栄さんは、それは天才ですよ。間違いない天才ですけれども。うーん、いつの時代に出てきても天才になるようなタイプの人でしょうけどね。だけど、安倍さんも予想外に出てきた天才だろうとは思いますけどね。あと、必要としては、私のような凡才《ぼんさい》が、「次、ちょっとつなぐ」っていうようなことで出てくる可能性もありますけど。天才ばっかり続くと疲《つか》れるからねえ。

加藤　凡才ですかねえ（笑）。

小渕恵三　だから、天才のあとは、ちょっと凡才がつなぐっていう。凡才を出すと、例えば、中国とかも油断するし、中国や北朝鮮もみんな、ちょっとおとなしくなることがあるし、アメリカの攻撃なんか……、アメリカが日本を責めたりするのも、ちょっとおとなしくなるから。「凡才で何年かつなぐ」っていう手も、あることはある。

加藤　ただ、小渕元総理は非常に努力なされて、政治家らしい政治家だったなと思います。今、振《ふ》り返ると、そういう方だったと思うのです。

小渕恵三　いや、君の十分の一ぐらいの能力で戦ってんだよ。大変なんだよ。

加藤　いえ、いえ。

例えば、政治家は体を鍛《きた》えなければいけないということで、合気道《あいきどう》をされたりとか、揮毫《きごう》が求められるということで、書を練習したりとか、演説もうまくなければいけないということで、早大雄弁会《ゆうべんかい》に所属されたりとか、かなりの努力家でした。やはり、体系的に努力されてこられたのだなと思います。

また、小渕総理が出てくると、テレビのニュースでも、「ほのぼのとした感じ」があり、それはそれでまた……。

小渕恵三　うん、戦う気力がなくなる……。

加藤　いや、いや。

小渕恵三　叩《たた》く気力がなくなるのね？　マスコミのほうとしてね。

加藤　「悪い時代か、よい時代か」と言えば、何か悪い時代ではなかったなという……。

小渕恵三　やっぱり、（私を）見て、一瞬《いっしゅん》でね、自分らのほうが賢《かしこ》いと分かるわけよ。

加藤　（笑）

小渕恵三　自然界ではそういうのがいるわけよね。何て言うの？　一瞬にして、保護色を出して防衛するっていうのは、自然界にはたくさんいる。そういうスタイルのものはいるわけよ。気が弱いけどね、だいたいね。それはあるけど。

あんまり、色の濃《こ》いやつはみんな毒性を持ってるからね、戦おうとするけど。目立つやつはね。

だけど、目立たないようにするやつは、だいたい防衛だよね。

加藤　ただ、そのあたりは十分に計算されてやっておられた気がします。今となっては、大したものだなと思いまして。

13　幸福実現党は「複雑怪奇《かいき》」？

「幸福実現党の活動は本気かどうか分からない」

小渕恵三　いや、私はねえ、今となっては大川隆法先生もね、やっぱり大したもんだなあと思ってるんですよ。九一年ぐらいにダーッと出てきて、一気に行ってしまうかと思ったら、あと、隠遁者《いんとんじゃ》みたいに姿を隠《かく》しながら、三十年も引っ張っとるのを見て、なかなか隅《すみ》に置けないなあと思って。

やっぱり、「時間をかけないと、宗教っていうのは完成しない」のを知ってて、ほかの宗教が次々と脱落《だつらく》していくなか、生き残ってるじゃないですか。なんか目立つけど目立たない部分があって、生き残ってるんですよね。このへんは、そうとう上手にやってるなと思うな。

九一年当時は、「叩《たた》いたろう」という感じで、マスコミがみんな思うとったのにさ。サッと目立っといて、あと、スーッと上手に消し込《こ》んで、教団が長くやって、基盤《きばん》ができるのをつくってるように見えるので。なかなか〝曲者《くせもの》〟っていうか、どっちでも使えるようなところがあるような気がしますね。田中角栄《たなかかくえい》にも、小渕にも、中《なか》曽根《そね》（康弘《やすひろ》）にでも、何にでも化《ば》けられそうな、その雰囲気《ふんいき》を感じるので。いやあ、なかなか、なかなかですわね。

だから、「嘘《うそ》は言わない。武士に二言《にごん》はない」みたいな言い方をしてるわりには、自民党のほうは、「いや、この人は本心で何を考えてるかは分からないぞ」と思ってるところは、やっぱりあるんじゃないかな。政党活動も本気でやってるかやってないか、なかなか読み切れないっていうところが、どうもあるように見えるなあ。本気かなあ、本気でないのかな……。

綾織　そこは、やはり日本のため、世界のためなので、本気で取り組んでいると思います。

小渕恵三　本気かねえ……。なんかねえ、やっぱりPR活動は続けなきゃいけないからやってるけど、もしかしたら、本気でやってないんじゃないかなっていう気も、多少はあるんだよな。だから、「自民党に修正をかけようとしてやってらっしゃるのかな」というふうに、見てる人もいる。「自民党に修正をかけて、あんまり後退しすぎないようにするために、あえて強気の言論なんかを出しながら、修正をかけて逃《に》げられないようにさせようとしてるんかなあ」というふうにも、見てる人もいる。

加藤　もちろん、そういう見え方もあるかもしれませんが、われわれは本気でやっているのです。

小渕恵三　あっ、本気なの!?

加藤　本気でやっております。

小渕恵三　本当に本気なの？

加藤　本当です。そうご認識していただければと思います。

小渕恵三　すごいねえ。「本気でやる」って、すごい……。

加藤　本当に、この日本の国は危ないんですよ。このままだと危ないです。

小渕恵三　本気ですか。本気なんですか？

加藤　何とかしないといけません。

小渕恵三　本気なんですかあ。そうなんですかあ……。本気でやって、そんなに負けるんですか？　へえ。

いやあ、これはね、「もっと老獪《ろうかい》な人なんじゃないか」と、今、疑ってる人がだいぶいて。

ちょっと負けてみせながら、なんか、じわじわと政治的な影響力《えいきょうりょく》を増《ま》そうと考えてるんじゃないかと。そうとう緻密《ちみつ》な……。

加藤　宗教を母体《ぼたい》とした政党がゼロから新たなものをつくっていくのは、やはり独特の、相当の難しさはあります。多少時間がかかってるところはありますけれども。

小渕恵三　碁《ご》みたいに、五十手百手、先を読みながらやってるんじゃないかなあ、っていう。

加藤　それはなかなか、自民党のように、もともと「地盤」があったり、強固な利権構造のなかにあったりするわけではないですから。

「幸福実現党は民進党を狙《ねら》うべき」

小渕恵三　（幸福実現党は）党首なんか、次々出してくるじゃない。ねえ?

加藤　人材が豊富だからです。

小渕恵三　なんか、トイレットペーパー並みに〝使い捨てて〟いってるよな。これはもう、ほんとに「遊んどるのか宣伝しとるのか」、ちょっと読みかねる部分はあるのでねえ。ふーん、そうなの?

加藤　今の党首は、しっかり頑張《がんば》っておりますし、もう三年目ですよ。

小渕恵三　いやあ、今の党首は、次は水着か何かで出てきそうな雰囲気が漂《ただよ》ってるじゃないの。

加藤　それは伝えておきますので（笑）。

小渕恵三　本気かねえ。もう、高齢者《こうれいしゃ》向けに水着サービスでもしそうな雰囲気が漂っとるよな。

加藤　でも小渕総理、やっぱり自民党とかの既成《きせい》政党が各地に後援会《こうえんかい》を張り巡《めぐ》らせているところに、新たに割って入って新しい動きをつくるのは、これはご経験がないでしょうが、なかなか厳しいものがあります。

小渕恵三　やっぱり、「ラーメン屋」から始めるべきですね。

加藤　われわれは、「ラーメン屋以前」から、新たなものを始めていかなくてはいけないと考えています。

小渕恵三　各県に一軒《いっけん》、ラーメン屋を持って、そこで営業の練習をして、接客をして、市民の声に耳を傾《かたむ》けて。

そっから、やらなあかんでしょうなあ。

加藤　まあ、確かにそれも、やらなければいけません。

小渕恵三　ああ。

加藤　ただ出発点にあるのは、やはり、「この国が今のままだと本当に危ない」という危機感です。

小渕恵三　うーん。

加藤　「既成政党ではもう対応できない時代が来てしまっている」と認識しています。

小渕恵三　例えば、民進党だったら、何が駄目《だめ》なの？　自民党が駄目でも、民進党が今、野党の勢力を結集してやっとんでしょう？

加藤　まあ、今日のメインテーマではありませんけど、民進党は、もっと厳しいと思いますけどね。

小渕恵三　いやいや、君らが狙《ねら》うべきは民進党ですよ。

加藤　ああ、立ち位置ですか。

小渕恵三　自民党を狙ったら駄目ですよ。やっぱり、民進党を崩《くず》して、その票を奪《うば》わなきゃいけないんじゃないですか。

加藤　民進党は左側ですから。

われわれは、健全な、未来志向の保守政党としての主張をしていかなければいけないと考えます。

小渕恵三　うーん。

加藤　やはり、「安い税金」、「小さな政府」、それから、「自由を何よりも大切にする価値観」、「自分の国は自分で護《まも》るための国防強化」。こういうところが必要です。

小渕恵三　宗教団体等は、みんな、「絶対平和」を言っとくと、宗教票が集められるんでしょう？　ほかの宗教の（分《ぶん》）までね。あえて、それを集めないで頑張ってらっしゃるからさあ。

幸福の科学も幸福実現党も、「複雑怪奇《かいき》」なのか

加藤　ただ、「絶対平和」をお題目《だいもく》のように言ってるだけでは通用しない時代が来

ているわけです。
先般《せんぱん》、大川隆法総裁も、前提条件付きとはいえ、日本の核《かく》武装や核装備についての提言もされました（『世界を導く日本の正義』〔幸福の科学出版刊〕参照）。

小渕恵三　いや、それは選挙に負けたいんだろうと思うなあ。

加藤　いやいや、それは、もうやむにやまれぬという気持ちなのです。

小渕恵三　いや、負けたいんだと思うんだ。核装備を発表した段階で、「安倍《あべ》さん、やれよ」と。「うちは負けるけど、狼煙《のろし》を上げとくからね」と。そう言ったように、そういう信号を自民党が受け取ってるから。「うちが負けてやるから、核装備をやれ」と。

『世界を導く日本の正義』
（幸福の科学出版刊）

加藤　やはり、言わなければいけないときに来ているんです。

小渕恵三　「うちは落ちるけど、君たちやってくれ」というふうに受け取ってるね。あれは狼煙だと思って受け取ってる。「ゴー！　議論を開始せよ」と。実際、そう動いてるから、今。

加藤　しかし、私としては日本国民を信じたいと思います。ちゃんと理解される方もおられますので、ここはやはりしっかりと訴《うった》えて、国論を正しい方向へリードしていかなければいけないと思います。

これが政治の使命だと思うんです。

小渕恵三　いや、たぶんマスコミの人は、それを聞いても、「宗教でうまくいって

●実際、そう動いてるから、今……　2016年3月18日の参議院予算委員会で、横畠裕介《よこばたけゆうすけ》内閣法制局長官は、核兵器の使用に関する質問に対し、「わが国を防衛するための必要最小限度のものに限られるが、憲法上、禁止されているとは考えていない」との見解を表明した。

るのに、なんで政治になんか、今さら手を出すんですか。むしろ、誇《ほこ》り高い宗教としての身分が落ちるんじゃないですか」と、そういうふうに思ってる人が多いんじゃないかねえ。

綾織　宗教の役割としても、「公的幸福の実現」というものがありますので、それも宗教の活動の一部であることは間違《まちが》いないです。

小渕恵三　だって、宗教だと、みんなから尊敬されて、「へへーっ」と拝《おが》んでくれるのに、政治家になると、「みんなにペコペコペコペコして、当選してからあと威《い》張《ば》る」っていう、その繰《く》り返しだからね。

だから、コメツキバッタができないと駄目なのよ。そんなの、したくないんじゃないかなあ？　偉《えら》い高僧《こうそう》のみなさんは。

綾織　いえ、宗教としても、国民の声を聴《き》くというのは大事ですので、同じです。

加藤　確かに、耳を傾けなければいけないですけれども、何でもかんでも頭をペコペコ下げるのが選挙活動とも限らないと思います。例えば、石原慎太郎《いしはらしんたろう》さんなんか、そんなペコペコ頭を下げているわけではないですが、選挙は実に強かったですよね。やはり、一つの信念というか考え方があれば、応援していただけるところもあるかと思います。

小渕恵三　いや、君らの考え方は、すごい不可解で、「複雑怪奇《かいき》」だからねえ。例えば、「小渕恵三の霊言《れいげん》」を出して、これで君らは選挙に有利になるのかね、不利になるのかね。どう思ってるんだ、いったい。

綾織　まあ、国民としても、「小渕さんって、最近何やってるんだろうな」とか、

「大丈夫《だいじょうぶ》かな」とか、「どういうお考えかな」とか、やはり関心はありますので（笑）。

小渕恵三　いや、君らにとって、これはプラスになるのかね、ほんとに。

加藤　結果的に、その対比によって、幸福実現党の考えもより分かりますから。

小渕恵三　ほんとに、そうなるのかね。それとも、自民党の応援をしてくれてるのかね。うーん、それとも、娘《むすめ》に再起を促《うなが》してるのか。

綾織　（笑）まあ、それもあります。

小渕恵三　ああ、それもある。ああ、そう。

綾織　小渕さんとしては、そうなんでしょうね。安倍さんも喜ぶかもしれませんし。

小渕恵三　安倍さんを一生懸命《いっしょうけんめい》、私は持ち上げたつもりで。私から見れば天才に見えるからね。

綾織　ああ、「持ち上げた」わけですね？

小渕恵三　そうしたら、君らの批判が厳しくて、安倍政権もだいぶ、ブスブス刺《さ》さってるとこがあるから。

これ、本気だったら、やっぱり、マスコミ統制かけてるように、宗教にも統制かけなきゃいけないからさあ。安倍さんはね、やらないけないけど。

今、本気かどうかを疑ってると思うんだよ。その疑いの芽を、私が今抜《ぬ》いてあげてるのよ。「いや、本気じゃないんですよ。きっと本気じゃないですよ」と。

綾織　いえいえ、本気です。

小渕恵三　ああ、そうなの？

小渕元総理が指摘《してき》する「幸福実現党の弱点」とは

綾織　今日はですね、私たちとしては、小渕さんの政治手法ですね。

小渕恵三　うん。

綾織　そうした、「うまーく持ち上げながら、自分を護《まも》りつつ、道を拓《ひら》いていく」という、政治家としての教えを頂いたと思います。

小渕恵三　いや、君たちの弱点はねえ、それは「頭がよすぎること」なんだよ。理論が切れすぎるんだよ。マスコミより賢《かしこ》いんだよ。
だから、マスコミが持ち上げてくれないんだよ。
マスコミのほうが偉いと思わせながら、応援させないといけないのよ、上手にね。

綾織　なるほど。

小渕恵三　安倍さんも、そのへんはうまいんだよ。ほんとは賢いんだけど、賢くないように見せるのは上手。
そのへんはね、やっぱり「政治家としての技術」なんだよなあ。

綾織　確かに、小渕先生も、大きなところの判断というのは外したことがあまりなくて、非常に筋《すじ》を通されているとは思いました。一方、表で見せているのとは全然違う部分で……。

小渕恵三　まあ、●鈴木善幸《すずきぜんこう》さんがラーメン屋を開いたら、私と似た感じになる。

綾織　あっ、なるほど。そうかもしれませんね。

加藤　でも、本日お出《い》でいただいて、本当にありがたいと思っております。やはり、一九九〇年代末、激動の時代に日本の国の舵取《かじと》りをされた方が、今どんなふうに考えて、どんなふうに今の政治を見ていらっしゃるのか、これは知りたいところが多々ございます。

小渕恵三　だから、（この霊言が）君たちが予想してたのと違ったとこがあるとしたら……。「妙《みょう》に安倍さんをほめ上げた」ということと、「もしかしたら、戦争経

●鈴木善幸（1911 ～ 2004）　日本の政治家。第70代内閣総理大臣。1947年、日本社会党から衆議院議員に初当選したが、1949年に保守に転向。自民党で郵政大臣、厚生大臣、官房長官などを歴任する。1980年6月、大平正芳《おおひらまさよし》首相の急死後、田中角栄元総理の後押しにより、同年7月、首相に就任し、1982年11月まで務めた。

済が期待されてるかもしれないということを言った」のと、「でも、意外に中国のほうの政権が交代になるか、革命が起きるかする可能性もあるよ」と言ったのと、「いや、日本は意外に凡人宰相《ぼんじんさいしょう》のほうが、可能性は、またあるよ」というようなことを言ったあたりが、ちょっと違うかったかな？　ハハハ（笑）。

14　小渕元総理が今いる世界とは

小渕元総理に、霊界《れいかい》での様子を訊《き》く

綾織　最後の質問ですが、今、どういうところにいらっしゃるのか、非常に関心があります。

小渕恵三　うーん、それはねえ、不思議な、「ラーメン地獄《じごく》」っていうのがあってね。

綾織　ラーメン地獄？

小渕恵三　だから、地上と違《ちが》ってね、もう大釜《おおがま》でラーメンをぐつぐつ煮《に》とるんだよ。そのなかに、なぜか肉の代わりに私が放り込《こ》まれてるような状況《じょうきょう》で。

綾織　放り込まれてる？（苦笑）それは大変ですね。

小渕恵三　（鍋《なべ》をかき混ぜるしぐさをしながら）もう、ゴワーッと混ぜてるなかで、「うわあ、あちぃ、あちぃ、あちぃ、あちぃ。あち、あち、あち、あち」って。昔の釜茹《かまゆ》での刑《けい》というか、ラーメンの釜茹でみたいな感じよ。

いや、これはやっぱり、「世間《せけん》の批判が、まだ収まってないんだろうなあ」とは。

綾織　そんなに批判はないと思うんですけどね。

小渕恵三　そうかねえ？

綾織　何とかうまく乗り切ったのではないかと思いますが。

小渕恵三　いや、死んだからね、小沢一郎《おざわいちろう》が悪役になったわな。「あいつが悪い人《にん》相《そう》でね、席を蹴《け》って立ったら（小渕が）倒《たお》れた」というんで、私が善人に見えるわなあ。

綾織　そうですね。

小渕恵三　もう、「弱々しい善人」に見えて、「かわいそうに」と。こういう惜《お》しまれ方って、だいたい大平《おおひら》（正芳《まさよし》）さんが似たような惜しまれ方だな。

綾織　そうですね。

小渕恵三　惜しまれるっていうのも、悪くないよね。

綾織　はい。

小渕恵三　だから、本来、そのラーメン地獄で苦しむとこなんだけど、ときどき涼《すず》しい風が吹《ふ》いてくるっていう、いい感じかなあ。

綾織　近くにいらっしゃる方というのは、どういう方ですか。よくお話をされる方というのは。

小渕恵三　うーん。そうだなあ……。みんな偉《えら》すぎてねえ、なかなか遠いんだよなあ。偉すぎて偉すぎて、ちょっと分からんので。
ときどき、群馬《ぐんま》の県内をふらふら歩いてみたり、永田町界隈《ながたちょうかいわい》を歩いてみたりしてますよ。

綾織　ほう。

小渕恵三　「あら？　幸福実現党ってビル持っとんのかな」とかね。「ブックスフューチャーなんて、こんな書店まで持っとんかいね。すごいねえ」とか言って。
これは浮遊霊《ふゆうれい》だな、一種の。地上を浮遊しながら、大多数、生きてますけど。

綾織　かつて同僚《どうりょう》でいらっしゃった政治家の方とも話をされますか。

小渕恵三　それは政治家も、ほかにはいるから、いるんだろうけどね。みんな、通行人レベルの政治家は、いっぱいいるからね。
天才は「別」よ。天才は「別」なので、もう話にならない。
ただ、通行人レベルの人たちはいるからさ。「一杯《いっぱい》飲みに行こうか」ぐらいの感じのは、それは、いることはいるさ。

加藤　かつての師匠《ししょう》だった竹下《たけした》元総理などとはお会いになることはあるんですか。

小渕恵三　いやあ、竹下先生だって、ある種の天才でいらっしゃるから。

加藤　ああ、天才。

小渕恵三　もう偉すぎて、とってもじゃないけど、ほんとに、それはもう、雲の上の方ですよ、やっぱりねえ。

綾織　ちょっと分かりにくいんですが（笑）、天国には還《かえ》っていらっしゃる状態なんですか。

小渕恵三　まあ、分かりませんがねえ。なんか、「マスコミが善か悪か」って訊《き》かれてるような気がしてさ。君、答えられるか？

綾織　難しいですね。

小渕恵三　難しいでしょ？

綾織　はい。

小渕恵三　だから、マスコミで言うと、産経新聞あたりの位置付けにあるということだね、あの世でね。

綾織　ほう。それは、「そこそこのところ」ということですか（笑）（会場笑）。

小渕恵三　（笑）階層的に言ってね、産経新聞あたりの位置付けにある、と。

綾織　ああ、なるほど。

小渕恵三　しかし、まだスポーツ紙とか芸能新聞とか、その他、雑誌とか、いろんな世界もある。だから、「日本全国に関係する全国紙であるが、産経新聞あたりのところで奮闘《ふんとう》してる」というのが私の位置付けだな。

何となく分かった？

綾織　何となく分かりました（笑）。

小渕恵三　まあ、そのくらいのとこ。

「天皇に対する篤《あつ》い信仰心《しんこうしん》を持つ人間として生まれた」

綾織　以前、小渕元総理の過去の転生《てんしょう》の情報として……。

小渕恵三　あ、そんなのがあるんですか？

綾織　ええ、「ザ・リバティ」（幸福の科学出版刊）で掲載《けいさい》させていただいたものがあるんですけれども（一九九七年十二月号）。

小渕恵三　ああ、そうですか。ふーん。

綾織　「過去世《かこぜ》で、京都御所《ごしょ》の、天皇陛下《へいか》の警備の役人をされていたことがある」とのことでした。

小渕恵三　よう言うたね。

綾織　すいません。

小渕恵三　さすがだ。さすが「リバティ」だ。うーん、すごい。

綾織　（笑）これは、ちょっと検証が必要だとは思うのですが。

小渕恵三　いや、ズバリそれはね、もう私の人柄《ひとがら》そっくりですね。そんなもんですよ。ほんと、そうですよ。

綾織　そうなんですか。

小渕恵三　私も、今、生まれ変わったら、あれですよ。皇居《こうきょ》のね、入り口のとこで門番みたいに警官が立ってるじゃないですか、交替《こうたい》で。

綾織　はい。

小渕恵三　「あのローテーションのなかに入れてもらえないかなあ」と思ってるんですよ。ああいう仕事をしてみたいなと思って。

綾織　なるほど。今日も、分かりにくいところがあって、「本音の部分」と、そういう「謙虚《けんきょ》なふり」と言ったら失礼ですけれども（笑）、ポーズを取っていらっしゃるところと、区別がつきにくいんですね。

この過去世も、「何か一つのポーズとしてあるのかな」と思うのですが。

小渕恵三　いやあ、ポーズなんて、私は取りませんから。だから、そこで交番みたいに立ってる人がかわいそうだなと思うから、「代わってあげたいな」と、ときどき思うわけで。

あとは、皇居のお堀《ほり》に泳いでる外来魚《がいらいぎょ》を駆除《くじょ》するときに、一肌脱《ひとはだぬ》いで、入って、捕《つか》まえるのを手伝おうかなと思ったりもしてますよ。

そのくらい、信仰心《しんこうしん》は篤《あつ》いんでね。

だから、そういう、天皇に対する信仰心は篤い人間として、過去、生まれたことはあるということだな。

森國　例えば、どの天皇陛下を尊敬して……。

小渕恵三　そんな難しいことを訊くの、やめてちょうだいよ。私は、好き嫌《きら》いをはっきりしないことで長生きした人間だから。いろんな天皇陛下を、みな、尊敬申し上げているので、ええ。

いや、そんなねえ、偉い人の名前を引き出そうとしたって、それは無理ですから。それは無理です。

綾織　日本神道《しんとう》系の、いろいろな仕事をされてきた方だということですね。

小渕恵三　それは、そのとおりですね。

だから、保守といえば保守で、大して役に立たなかったと言やあ、役に立たなかったけど。

綾織　いえ、いえ。

小渕恵三　「いないよりはよかった」というあたりで、いつも、そのへんの中道路《ちゅうどう》線を歩んできた人間ですよね。京都御所《ごしょ》の警備？　ああ、いいね。悪くない、うん。

綾織　なるほど。

小渕恵三　うーん、いいんじゃない？

綾織　ラーメン屋ではありませんでしたけども。

小渕恵三　ああ、ラーメン屋も、ときどきはやりたいねえ、やっぱりね。やっぱり、ときどきは活気が欲《ほ》しいからね。
　うーん、（京都）御所の改善なんかもしてみたいね。なんか、お堀がないから、なかなかあっちに帰りにくいのでね。御所を改革して、お堀をつくってあげたい気は。万一《まんいつ》のときに備えてね。

綾織　ああ。

小渕恵三　北朝鮮《きたちょうせん》なんかが、ミサイルをいっぱい、東京の皇居に撃《う》ち込んできたらまずいじゃないですか。そういうときのために、京都にも少しね、逃《に》げられるようにしときたいですね。

綾織　はい。

小渕元総理が最後に明かした「人生の処世訓《しょせいくん》」

綾織　本日は、さまざまな観点から、政治家としての姿勢を学ばせていただいたと思います。

小渕恵三　いや、もう態度から見たら、君たちのほうがずっと偉いことが分かるでしょう。

綾織　いえいえ、とんでもないです。

小渕恵三　だからね、日本の総理っていうのはね、日本人の投票をいちばん集められる人がなるわけで。結局、だから、〝ミディアム〟がいいわけよ。ミディアムっていう、真ん中へんのね、ちょうど「平凡人《へいぼんじん》の象徴《しょうちょう》」みたいな人が、本当はいちばんよくて。

あと、ずーっと抜《ぬ》きん出た天才の場合は、やっぱりルックスがいいとか、あるいは、思想的にすごくて、シンパがずーっと続くような人とか、そういう人は、たまには出てくるけどね。

だけど、賢《かしこ》い人が上に立つわけじゃないのが、日本社会なんだよね。

それは伊勢神宮《いせじんぐう》に行ったら、もっと分かる。もうね、「何にもないということがいちばん偉い」ということがよく分かります。

綾織　かつて、「真空総理《しんくう》」と言われていましたが。

小渕恵三　そう、真空なんですよ。真空であることがいちばん偉い、日本ではね。だから、君たちも、ときどき政党研修のなかにね、「真空研修」というのを入れたらいい。「みんな、真空になろう！」って、ときどきやったほうがいいかもしれないね。

加藤　「無我《むが》になる修行《しゅぎょう》」というのは、やってますけど。

小渕恵三　ああ、そうですか。いや、いちおう君らの本音と建前《たてまえ》があるから、本気で戦ってる気持ちは一部はあるんだ、と。少なくとも二、三人はいるんだ、と。そういうことはよく分かった。

綾織　いえ、いえ、いえ。全員、本気です。

小渕恵三　いやいや、君らが本気になったら、こんなもんじゃないでしょう。それは、そんなことはないでしょう。

本気になるっていうことはですね、「大川隆法さんが、宗教のほうは潰《つぶ》れてもいいと思って、政治のほうで戦う」となったら、これは本気ですよ。これは本気ですけど。

宗教のほうは、がっちりと営業を継続《けいぞく》しつつ、支店を出そうとしているようにしか見えてないので。まだ本気じゃないね、これはね。うん。

加藤　いいえ、全力で頑張《がんば》る姿を必ずお見せしますので、ぜひ天上界《てんじょうかい》から見守っていただいて。

小渕恵三　ほんとに？　ほんと？

加藤　ええ、応援《おうえん》していただければさらにうれしいです。お願いします。

小渕恵三　君なんかも天才の予備軍だろうからさあ、きっと。偉いとこへ還《かえ》られるんだろうな。

綾織　とんでもございません。

小渕恵三　ああ、『平凡からの出発』という、いい本があったよね？（『若き日のエル・カンターレ』〔宗教法人幸福の科学刊〕の旧題）

綾織　そのとおりですね（笑）。

小渕恵三　いや、私もね、あれを人生の処世訓《しょせいくん》にしてるんだ。

加藤　ああ、ご存じで。

小渕恵三　「平凡からの出発」、な？　君たちと信仰を一つにしてる者だからね。平凡から頑張って、お国のために尽《つ》くそうじゃないですか。

綾織　はい。ありがとうございます。

小渕恵三　ありがとうね。

加藤　ありがとうございました。

15 普《ふ》通《つう》ではない「怖《こわ》さ」を感じた小渕元総理の霊言《れいげん》

大川隆法 （手を三回叩《たた》く）確かに、煙《けむ》に巻くようなところはあって、うーん、難しいですね（会場笑）。佐《さ》野《の》眞一《しんいち》氏が「この人は凡人《ぼんじん》なのか、天才なのか、狂人《きょうじん》なのか、ちょっと分からないような怖《こわ》さを感じた」ということでしたが、確かに、普《ふ》通《つう》ではありません。どこか怖いところがあります。何でしょうね。

綾織 考えていることはじわじわと実現させていくような、底堅《そこがた》いものはあると思いました。

大川隆法 うーん。なるほどね。

当会としては、何か学べたものはありましたか。

確かに、ある意味では、失点をあまり出しにくいタイプの人ではありました。やはり、失点を出しにくいタイプの人ですね。

今日の収録を「小渕会見」とした場合、マスコミ的に書いたとすれば何を書けるかといえば、何だか叩きにくいことは確かですね（苦笑）。

加藤　そうですね。

大川隆法　ズバリとは叩きにくいですよね。

加藤　何となく煙に巻かれていくようでした。ただ、何か感じるものはありました。

大川隆法　本気かどうか分からないので、叩くに叩けません。「安倍《あべ》さんは天才」

などと言っていましたけれども、「本気かなあ」と思いますから、やはり、それも言えないですよね。

加藤　はい。

大川隆法　あれだけ「天才」と繰《く》り返されたら、「ヒトラーに似ていると思いますか」と突《つ》っ込《こ》んでもいいのですが、突っ込ませなかったぐらいの凡庸《ぼんよう》さというか、茫洋《ぼうよう》としたところがあります。

政界に生きるには、いろいろな知恵《ちえ》が要《い》るのかもしれませんね。日本のなかには、茫洋としていないと、まとめられないところもあります。まだまだ、当会はカミソリの刃《は》のようなところがあるのかもしれませんね。

加藤　はい、確かに。

大川隆法　でも、自民党などのボヤーッとした空気は、おそらく、今の意見のなかに反映されているかもしれませんね。

綾織　そうですね。

大川隆法　「これでいったいどういう効果があるのかね」と言われても、「うーん、うちも分からん」という……（会場笑）。これで票が増えるのか、減るのか、分からないですね。

綾織　そうですね。難しいですね（苦笑）。

大川隆法　ただ、確かに、敵はつくりにくいタイプの人だろうとは思うので、当会もう少し、そのへんの勉強が要るのかもしれません。やはり、「敵を減らして味方を増やす」というのは基本なのでしょうから。

綾織　そうですね。

大川隆法　今日は一つの政治家のタイプとして勉強させていただきました。はい、ありがとうございました（手を二回叩く）。

綾織　ありがとうございました。

あとがき

「小渕さんのようにはなりたくはない。」という気持ちと、「小渕さんのようにはなれそうもない。」という気持ちが私の中では拮抗《きっこう》している。日本の政治はアメリカのように「YES」、「NO」を明確に言えない後進性《こうしんせい》があると同時に、「やはり東洋の大国《たいこく》なのだな。」と深く感じるものもあった。

しかし、どのような才能や経歴《けいれき》の持ち主であれ、一国の宰相《さいしょう》になるには、ある種の帝王学《ていおうがく》を身につけなくてはならないのはよくわかる。

私は本書で、非凡《ひぼん》なる凡人宰相《ぼんじんさいしょう》の霊言をまとめるにあたって、「グライダーのように風に乗る」ことの大切さを学んだように思う。もっと肩の力を抜いて「道《タオ》」を歩んでいけば、老後が怖《こわ》くない、という気がした。これもある種の「悟り」であることは間違いないであろう。

二〇一六年　五月五日

幸福《こうふく》の科学《かがく》グループ創始者兼総裁《そうししゃけんそうさい》
幸福実現党創立者兼総裁《こうふくじつげんとうそうりつしゃけんそうさい》　大川隆法《おおかわりゅうほう》

『小渕恵三元総理の霊言』大川隆法著作関連書籍

『世界を導く日本の正義』（幸福の科学出版刊）
『守護霊インタビュー　堺屋太一　異質な目　政治・経済・宗教への考え』（同右）
『緊急・守護霊インタビュー　台湾新総統　蔡英文の未来戦略』（同右）
『政治家が、いま、考え、なすべきこととは何か。元・総理　竹下登の霊言』（幸福実現党刊）
『自民党諸君に告ぐ　福田赳夫の霊言』（ＨＳ政経塾刊）

※左記は書店では取り扱っておりません。最寄りの精舎・支部・拠点までお問い合わせください。
『若き日のエル・カンターレ』（宗教法人幸福の科学刊）

小渕《おぶち》恵三《けいぞう》元《もと》総理《そうり》の霊言《れいげん》

――非凡なる凡人宰相の視点――

2016年５月19日　初版第１刷

著　者　　大《おお》　川《かわ》　隆《りゅう》　法《ほう》

発　行　　幸福実現党

〒107-0052 東京都港区赤坂２丁目10番８号

TEL(03)6441-0754

発　売　　幸福の科学出版株式会社

〒107-0052 東京都港区赤坂２丁目10番14号

TEL(03)5573-7700

http://www.irhpress.co.jp/

印刷・製本　株式会社 研文社

落丁・乱丁本はおとりかえいたします

ISBN978-4-86395-791-6 C0030

カバー写真：ロイター／アフロ

本文写真：時事／AFP＝時事／Bakkai／外務省ホームページ

大川隆法 霊言シリーズ・自民党の政治家たちは語る

天才の復活 田中角栄の霊言

田中角栄ブームが起きるなか、ついに本人が霊言で登場！ 景気回復や社会保障問題など、日本を立て直す「21 世紀版 日本列島改造論」を語る。【ＨＳ政経塾刊】

1,400 円

自民党諸君に告ぐ 福田赳夫の霊言

経済の「天才」と言われた福田赳夫元総理が、アベノミクスや国防対策の誤りを叱り飛ばす。田中角栄のライバルが語る"日本再生の秘策"とは！？【ＨＳ政経塾刊】

1,400 円

中曽根康弘元総理・最後のご奉公

日本かくあるべし

「自主憲法制定」を党是としながら、選挙が近づくと弱腰になる自民党。「自民党最高顧問」の目に映る、安倍政権の限界と、日本のあるべき姿とは。【幸福実現党刊】

1,400 円

大平正芳の大復活

クリスチャン総理の緊急メッセージ

ポピュリズム化した安倍政権と自民党を一喝！ 時代のターニング・ポイントにある現代日本へ、戦後の大物政治家が天上界から珠玉のメッセージ。【幸福実現党刊】

1,400 円

※表示価格は本体価格（税別）です。

大川隆法 霊言シリーズ・自民党の政治家たちは語る

政治家が、いま、考え、なすべきこととは何か。元・総理　竹下登の霊言

消費増税、マイナンバー制、選挙制度、マスコミの現状……。「ウソを言わない政治家」だった竹下登・元総理が、現代政治の問題点を本音で語る。【幸福実現党刊】

1,400 円

宮澤喜一　元総理の霊言

戦後レジームからの脱却は可能か

失われた 20 年を招いた「バブル潰し」。自虐史観を加速させた「宮澤談話」——。宮澤喜一元総理が、その真相と自らの胸中を語る。【幸福実現党刊】

1,400 円

安倍総理守護霊の弁明

総理の守護霊が、幸福の科学大学不認可を弁明！「学問・信教の自由」を侵害した下村文科大臣の問題点から、安倍政権の今後までを徹底検証。

1,400 円

副総理・財務大臣　麻生太郎の守護霊インタビュー

安倍政権のキーマンが語る「国家経営論」

教育、防衛、消費増税、福祉、原発、STAP 細胞問題など、麻生太郎副総理・財務大臣の「国会やマスコミでは語れない本心」に迫る！

1,400 円

幸福の科学出版

大川隆法ベストセラーズ・日本のあるべき姿を考える

自由を守る国へ

国師が語る「経済・外交・教育」の指針

アベノミクス、国防問題、教育改革……。

国師・大川隆法が、安倍政権の課題と改善策を鋭く指摘！ 日本の政治の未来を拓く「鍵」がここに。

1,500円

政治革命家・大川隆法

幸福実現党の父

未来が見える。嘘をつかない。タブーに挑戦する──。政治の問題を鋭く指摘し、具体的な打開策を唱える幸福実現党の魅力が分かる万人必読の書。

1,400円

「現行日本国憲法」をどう考えるべきか

天皇制、第九条、そして議院内閣制

憲法の嘘を放置して、解釈によって逃れることは続けるべきではない──。現行憲法の矛盾や問題点を指摘し、憲法のあるべき姿を考える。

1,500円

帝王学の築き方

危機の時代を生きるリーダーの心がけ

追い風でも、逆風でも前に進むことがリーダーの条件である――。帝王学をマスターするための智慧が満載された、『現代の帝王学序説』の続編。

2,000円

大川隆法名言集
「リーダー」になりたい
“あなた”へ130の鉄則

大川真輝　著

異常性のある情熱、優れたバランス感覚、徳の発生など、理想のリーダーになるために知っておきたいことが満載。リーダーに必要な条件がこの一冊に！

1,300円

大川隆法名言集
「革命家」になりたい
“あなた”へ100の極意

大川真輝　著

世の中を変えたいなら、まずは自己革命を起こせ!! 明治維新の志士の如く熱く生きるための心得から、勇気の奮い立たせ方など、革命の極意が凝縮！

1,300円

※表示価格は本体価格（税別）です。

幸福実現党テーマ別政策集 3「金融政策」

大川裕太　著

景気回復に「金融政策」がなぜ有効か？ 幸福実現党の金融政策を平易に説明すると共に、行き詰まりを見せているアベノミクスとの違いを浮き彫りにする。【幸福実現党刊】

1,300円

幸福実現党テーマ別政策集 4「未来産業投資／規制緩和」

大川裕太　著

「二十年間にわたる不況の原因」、「アベノミクス失速の理由」を鋭く指摘し、幸福実現党が提唱する景気回復のための効果的な政策を分かりやすく解説。【幸福実現党刊】

1,300円

一緒に考えよう！　沖縄

釈量子
ロバート・D・エルドリッヂ　共著

在沖海兵隊元幹部と幸福実現党党首が、日本と沖縄の未来を語り合う。「在日海兵隊」「反基地運動」「沖縄返還」などの視点から、沖縄問題の本質に迫る。

1,204円